KUHARSKA KNJIGA SODOBNEGA KRAMILCA

Pobiranje daril narave za sodobne okuse

Nina Kastelic

Avtorski material ©2024

Vse pravice pridržane

Nobenega dela te knjige ni dovoljeno uporabljati ali prenašati v kakršni koli obliki ali na kakršen koli način brez ustreznega pisnega soglasja založnika in lastnika avtorskih pravic, razen kratkih citatov, uporabljenih v recenziji. Ta knjiga se ne sme obravnavati kot nadomestilo za zdravniški, pravni ali drug strokovni nasvet.

KAZALO _

- KAZALO _ 3
- UVOD 7
- ZAJTRK 8
  1. PARFE Z GOZDNIMI JAGODAMI 9
  2. REGRATOVE PALAČINKE 11
  3. OMLETA Z GOBAMI IN KOPRIVAMI 13
  4. KAŠA IZ ŽELODOVE MOKE 15
  5. SMOOTHIE Z DIVJIM ZELENJEM 17
  6. JAJCA, POLNJENA Z NASTURCIJEM 19
  7. FRITATA Z DIVJIMI ZELIŠČI 21
  8. JAJCA V ZELIŠČNI OMAKI 23
  9. BEZGOVA VROČA ČOKOLADA 25
  10. BEZGOVI KROFI 27
  11. CHIA PUDING IZ BEZGOVIH CVETOV 29
  12. POSODA ZA SMOOTHIE IZ BEZGOVIH CVETOV 31
  13. FRITATA IZ DIVJEGA ČESNA IN KROMPIRJA 33
  14. BEZGOV FRANCOSKI TOAST 35
  15. BEZGOVI VAFLJI 37
  16. PITA IZ ZELENJA, ZELIŠČ IN JAJC 40
  17. KLOBASA IZ SVEŽIH ZELIŠČ 42
- ZAGODNIKI 44
  18. MLADI KORENČKI V ZELIŠČNEM KISU 45
  19. ARTIČOKE Z ZELIŠČI 47
  20. KANAPEJI Z LIMONINO-ZELIŠČNO GLAZURO 49
  21. PICA S SVEŽIM ZELIŠČNIM SIROM 51
  22. PIŠKOTI IZ SVEŽIH ZELIŠČ IN DROBNJAKA 53
  23. VIETNAMSKI SPOMLADANSKI ZAVITKI 55
  24. OCVRT HALOUMI SIR 57
  25. ZELIŠČNI OCVRTKI 59
  26. ZELIŠČNA KOZICA V PIVU 61
  27. SUHE FIGE Z ZELIŠČI 63

28. Enostavna zeliščna fokača 65
29. Brusketa z divjimi gobami 67
30. Pesto iz divjega česna Crostini 69
31. Ocvrtki iz želodove buče 71

PREJEDI 73

32. Sončna juha 74
33. Piščančje prsi, glazirane s kostanjem 76
34. Tajski kari z maslenim orehom 78
35. Njoki iz koprive 80
36. Bezgova glazirana tilapija 82
37. Bvarska zeliščna juha 85
38. Poletna bučna juha 87
39. Rižota z divjimi gobami 89
40. Juha iz kopriv in krompirja 91
41. Nahranjena postrv z zeliščno skorjo 93
42. Polnjeni grozdni listi s krmnim zelenjem 95
43. Piščančje prsi, polnjene z divjimi zelišči in kozjim sirom 97
44. Praproti Fiddleglavo in šparglji 99
45. Quiche iz lisičk in pora 101
46. Kaša s suhim sadjem 103
47. Piščančja krema z zelišči s 105
48. Marelice Dijon glazirani puran 107
49. Piščanec in riž na zeliščni omaki 109
50. Piščanec v smetani in zeliščih 111
51. Piščančja madeira na piškotih 113
52. Piščančja juha z zelišči 115
53. Piščanec z vinom in zelišči 117
54. Solata iz čičerike in zelišč 119
55. Sveža zelišča in parmezan 121
56. Regratova solata 123
57. Zeliščni zelenjavni konfeti 125
58. Pražen zeliščni ječmen 127

SLADICA 129

59. Servicejagodičja tart z ovseno skorjo 130
60. Začinjena kakijeva torta 132

61. Čokoladno lešnikova torta brez moke 134
62. Bezgova panna cotta z jagodami 136
63. Bezgov kosmič 139
64. Torta iz jagodičja in kopriv 141
65. Sladoled iz bezgovih cvetov 143
66. Bezgov sorbet 145
67. Sladoled iz bezgovih cvetov in robid 147
68. Mousse iz bezgovih cvetov 149
69. Drobljenec rabarbare gozdne jagode 151
70. Plaža ŠljivaSorbet 153
71. Limonin zeliščni sladoled 155
72. Zeliščni limonini piškoti 157

ZAČIMBE 159

73. Kis iz aronije 160
74. Ameriški slivov kečap 162
75. Kostanjeva javorjeva omaka 164
76. Zeliščni žele 166
77. Hucklejagodičja Jam 168
78. Mešani zeliščni kis 170
79. Pesto iz mešanih zelišč 172
80. Marinada z gorčičnimi zelišči 174
81. Pesto iz kislice in drobnjaka 176
82. Jam iz gozdnih jagod 178
83. Kis, prepojen s krmnimi zelišči 180
84. Divji česen Aioli 182
85. Sirup iz borovih iglic 184

PIJAČE 186

86. Brezalkoholni borovničev špricer 187
87. Pivo korenine sarsaparille 189
88. Limonina malina in meta osvežilec 191
89. Voda s krmnimi jagodami 193
90. Ledeni čaj z divjo meto 195
91. Regratova limonada 197
92. Gin in tonik s smrekovimi vršički 199
93. Pikantni zeliščni liker 201

94. Sadni zeliščni ledeni čaj 203
95. Zeliščni ledeni hladilnik 205
96. Malinov zeliščni čaj 207
97. Čaj s kardamomom 209
98. Sassafras čaj 211
99. Moringa čaj 213
100. Žajbljev čaj 215

ZAKLJUČEK **217**

UVOD

Dobrodošli v "Kuharska Knjiga Sodobnega Kramilca", kulinarični ekspediciji v svet darov narave, kjer slavimo umetnost nabiranja in priprave divjih sestavin za sodobne brbončice. Ta kuharska knjiga je vaš vodnik za sprejemanje okusov, tekstur in prehranskih prednosti krmne hrane, ki prinaša bistvo divjine v vašo sodobno kuhinjo. Pridružite se nam na potovanju, ki na novo opredeljuje kulinarično pokrajino s kombinacijo tradicionalne modrosti iskanja hrane z inovativnimi in okusnimi recepti.

Predstavljajte si kuhinjo, v kateri so divje jedi v središču pozornosti in vsaka jed pripoveduje zgodbo o različnih okusih, ki jih najdemo na prostem. " Kuharska Knjiga Sodobnega Kramilca " ni le zbirka receptov; gre za raziskovanje zakladov, skritih v gozdovih, poljih in travnikih. Ne glede na to, ali ste izkušen iskalec krme ali nekdo, ki se šele spoznava v svetu divje hrane, so ti recepti oblikovani tako, da vas navdihnejo, da v svoje vsakodnevne obroke vključite bogastvo narave.

Od zemeljskih gobjih užitkov do živahnega divjega zelenja in od cvetličnih poparkov do presenetljivih mešanic jagodičja, vsak recept je praznovanje raznolikih in neukročenih okusov, ki jih ponuja narava. Ne glede na to, ali pripravljate rustikalno večerjo, prefinjeno predjed ali osvežilno pijačo, je ta kuharska knjiga vaš glavni vir za popestritev vaših kulinaričnih izkušenj z obiljem naravnega sveta.

Pridružite se nam, ko sprejemamo duh iskanja hrane, kjer je vsaka jed dokaz lepote, svežine in neukročenega bistva divjih sestavin . Torej, zberite svoje košare, sprejmite pustolovščino in prenesite čarobnost iskanja hrane na sodobno mizo s " Kuharska Knjiga Sodobnega Kramilca."

ZAJTRK

1.Parfe z gozdnimi jagodami

SESTAVINE:
- 1 skodelica različnih gozdnih jagod (borovnice, maline, robide)
- 1 skodelica grškega jogurta
- 2 žlici medu

NAVODILA:
a) Gozdne jagode temeljito sperite.
b) V kozarec ali skledo položite grški jogurt z gozdnimi jagodami.
c) Po vrhu pokapajte 1 žlico medu.
d) Ponovite plasti in uživajte!

2.Regratove palačinke

SESTAVINE:
- 1 skodelica regratovih cvetnih listov
- 1 skodelica mešanice za palačinke
- 1 skodelica mleka
- 2 jajci
- Maslo za kuhanje

NAVODILA:
a) Maso za palačinke zmešajte po navodilih na embalaži.
b) Nežno zložite 1 skodelico regratovih cvetnih listov.
c) Pečemo palačinke na rešetki z maslom do zlato rjave barve.
d) Postrezite s sirupom ali medom.

3.Omleta z gobami in koprivami

SESTAVINE:
- 1 skodelica gozdnih gob
- 1/2 skodelice listov koprive
- 3 jajca
- Sol in poper po okusu
- 2 žlici olivnega olja

NAVODILA:
a) Gobe in liste kopriv prepražimo na 2 žlicah olivnega olja do kuhanja
b) Stepite 3 jajca, začinite s soljo in poprom.
c) Gobe in koprive prelijemo z jajci, kuhamo do strditve.
d) Omleto prepognemo in vročo postrežemo.

4. Kaša iz želodove moke

SESTAVINE:
- 1 skodelica želodove moke
- 2 skodelici mleka ali vode
- 3 žlice javorjevega sirupa

NAVODILA:
a) V loncu zmešajte 1 skodelico želodove moke z 2 skodelicama mleka ali vode.
b) Kuhajte na zmernem ognju in nenehno mešajte.
c) Ko se zgosti, sladkajte s 3 žlicami javorjevega sirupa.
d) Postrežemo toplo.

5.Smoothie z divjim zelenjem

SESTAVINE:
- 1 skodelica nahranjenega divjega zelenja (regratovi listi, kislica itd.)
- 1 banana
- 1 jabolko
- 1/2 skodelice jogurta
- Ledene kocke

NAVODILA:
a) Zmešajte divje zelenjavo, 1 banano, 1 jabolko in 1/2 skodelice jogurta do gladkega.
b) Dodajte ledene kocke in ponovno mešajte do želene konsistence.
c) Nalijte v kozarec in uživajte v smutiju, polnem hranil.

6.Jajca, polnjena z nasturcijem

SESTAVINE:
- 2 veliki Trdo kuhana jajca
- 4 majhne listi in nežna stebla nasturcija; sesekljan
- 2 cvetovi nasturcija; narežemo na ozke trakove
- 1 vejica svežega čemaža; sesekljan
- 1 vejica svežega italijanskega peteršilja; listi drobno sesekljani
- 1 zelena čebula; bel in bledozelen del
- Ekstra deviško olivno olje
- Drobna morska sol; okusiti
- Črni poper; groba mleta, po okusu
- Nasturtium listi in Nasturtium cvetovi

NAVODILA:
a) Jajca trdo kuhamo v vreli vodi le toliko časa, da so rumenjaki čvrsti, ne več.
b) Vsako jajce po dolgem prerežemo na pol in previdno odstranimo rumenjak.
c) Rumenjake damo v manjšo skledo in dodamo listje, stebla in cvetove pusovke ter sesekljan čebulo, peteršilj in zeleno čebulo. Pretlačite z vilicami in dodajte toliko oljčnega olja, da nastane pasta. Po okusu začinimo z morsko soljo in poprom
d) Beljake rahlo posolimo
e) Vdolbinice nežno napolnite z mešanico rumenjaka in zelišč. Po vrhu nadrobite malo popra. Na krožnik razporedite listke puhastega sadja in nanje položite polnjena jajca.
f) Okrasite s cvetovi nasturcija.

7. Fritata z divjimi zelišči

SESTAVINE:
- ½ kilograma Barba di frate in šopek divje mete
- 8 jajc
- 4 stroki česna
- 50 mililitrov Ekstra deviško olivno olje
- 100 gramov parmezana; nariban
- Sol in sveže mlet črni poper

NAVODILA:
a) V manjšo ponev s česnom damo olje in zavremo.
b) Odstranite in zavrzite česen, ko je zlato rjav.
c) pražimo Barba di frate, dodamo jajca, ki smo jih rahlo stepli s parmezanom, soljo in meto . Mešajte, dokler se ne začne strjevati.
d) Postavite v vročo pečico, dokler ni kuhano. Obrnite na krožnik in takoj postrezite.

8.Jajca v zeliščni omaki

SESTAVINE:
- 24 svežih špargljev
- ¼ skodelice Majoneza
- 8 unč Kartonska komercialna kisla smetana
- 1 limonin sok
- ½ čajne žličke Sol in ¼ čajne žličke beli poper
- ¼ čajne žličke sladkor
- 2 čajni žlički Svež peteršilj; mleto
- 1 čajna žlička Svež plevel kopra ; mleto
- 1 čajna žlička Svež drobnjak; mleto
- 8 jajc; trdo kuhan, razdeljen
- 12 unč Paket kuhanih rezin šunke 6" x 4".

NAVODILA:
a) Šparglje pokrite kuhajte v vreli vodi 6 do 8 minut; odtok. Pokrijte in ohladite.
b) Zmešajte majonezo, kislo smetano, limonin sok, sol, beli poper, sladkor, peteršilj, sesekljan koper in drobnjak; dobro premešaj. Mash 1 trdo kuhano jajce; dodajte mešanici majoneze in dobro premešajte. Pokrijte in ohladite.
c) Na 2 rezini šunke položite 4 šparglje. Šunko zvijte okoli špargljev, pritrdite z lesenim krampom. V šunko zavite šparglje položimo na servirni krožnik. Narežite 6 jajc, rezine razporedite po šunki. Čez vsako porcijo prelijte približno ¼ skodelice zeliščne omake
d) Presejte preostalo jajce. Potresemo po vsaki porciji. Okrasite s svežim koprom .

9.Bezgova vroča čokolada

SESTAVINE:
- 2 skodelici mleka (mlečnega ali alternativnega mleka)
- 2 žlici kakava v prahu
- 2 žlici sladkorja (prilagodite okusu)
- 1 žlica bezgovega sirupa
- Stepena smetana in užitni cvetovi za okras

NAVODILA:
a) V ponvi segrevajte mleko na zmernem ognju, dokler ni vroče, vendar ne zavre.
b) V majhni skledi zmešajte kakav v prahu in sladkor.
c) Mešajte bezgov sirup, da se dobro poveže.
d) Kakavovo mešanico postopoma vmešajte v vroče mleko, dokler ni gladka in dobro premešana.
e) Bezgovo vročo čokolado med občasnim mešanjem še naprej segrevajte, dokler ne doseže želene temperature.
f) Nalijte v skodelice, prelijte s stepeno smetano in okrasite z jedilnimi cvetovi. Postrezite in uživajte!

10. Bezgovi krofi

SESTAVINE:
- 1 ½ skodelice večnamenske moke
- ½ skodelice granuliranega sladkorja
- 2 žlički pecilnega praška
- ¼ čajne žličke soli
- ¼ skodelice rastlinskega olja
- ½ skodelice mleka
- 2 veliki jajci
- 1 čajna žlička izvlečka bezgovih cvetov
- 1 žlica posušenih bezgovih cvetov (neobvezno)

NAVODILA:
a) Pečico segrejte na 350 °F (180 °C) in pekač za krofe namastite s pršilom za kuhanje.
b) V veliki skledi zmešajte moko, sladkor, pecilni prašek in sol.
c) V drugi skledi zmešajte olje, mleko, jajca, izvleček bezga in posušene bezgove cvetove (če jih uporabljate).
d) Mokre sestavine vlijemo v suhe sestavine in mešamo, dokler se le ne povežejo.
e) Maso z žlico vlijemo v pripravljen pekač za krofe, tako da vsak model napolnimo približno ¾.
f) Pecite 12-15 minut oziroma dokler zobotrebec, ki ga zapičite v sredino krofa, ne izstopi čist.
g) Pustite, da se krofi nekaj minut ohlajajo v pekaču, preden jih prestavite na rešetko, da se popolnoma ohladijo.

11. Chia puding iz bezgovih cvetov

SESTAVINE:
- ¼ skodelice chia semen
- 1 skodelica mleka (mlečnega ali rastlinskega)
- 2 žlici bezgovega sirupa ali koncentrata bezgovega čaja
- 1 žlica medu ali sladila po vaši izbiri
- Sveže sadje, oreščki ali granola za preliv

NAVODILA:

a) V kozarcu ali posodi zmešajte chia semena, mleko, bezgov sirup ali koncentrat čaja in med.

b) Dobro premešajte, da se povežejo in zagotovite, da so chia semena enakomerno porazdeljena.

c) Kozarec pokrijemo in postavimo v hladilnik za vsaj 2 uri ali čez noč, da se zmes zgosti in postane podobna pudingu.

d) Mešanico enkrat ali dvakrat med časom ohlajanja premešajte, da preprečite nastanek grudic.

e) Chia puding Elderflower postrezite ohlajen, prelit s svežim sadjem, oreščki ali granolo za dodatno teksturo in okus.

12.Posoda za smoothie iz bezgovih cvetov

SESTAVINE:
- 1 zamrznjena banana
- ½ skodelice zamrznjenega jagodičevja (kot so jagode, maline ali borovnice)
- ¼ skodelice bezgovega čaja (močno skuhanega in ohlajenega)
- ¼ skodelice grškega jogurta ali rastlinskega jogurta
- 1 žlica chia semen
- Dodatki: narezano sadje, granola, kokosovi kosmiči, oreščki itd.

NAVODILA:
a) V mešalniku zmešajte zamrznjeno banano, zamrznjeno jagodičevje, bezgov čaj, grški jogurt in chia semena.
b) Mešajte, dokler ni gladka in kremasta. Po potrebi dodajte kanček bezgovega čaja ali vode, da dosežete želeno gostoto.
c) Smoothie prelijemo v skledo.
d) Potresite z narezanim sadjem, granolo, kokosovimi kosmiči, oreščki ali drugimi prelivi po želji.
e) Uživajte v osvežilnem in živahnem smutiju iz bezgovih cvetov kot hranljivem zajtrku.

13. Fritata iz divjega česna in krompirja

SESTAVINE:
- 6 jajc
- 1 skodelica listov divjega česna, sesekljanih
- 2 krompirja, narezana na tanke rezine
- 1 čebula, narezana
- 1/2 skodelice parmezana, naribanega
- 2 žlici olivnega olja
- Sol in poper po okusu

NAVODILA:
a) Pečico segrejte na 375 °F (190 °C).
b) Krompir in čebulo prepražimo na oljčnem olju, dokler se ne zmehčata.
c) V skledi stepemo jajca in vmešamo divji česen in parmezan.
d) Krompir in čebulo prelijemo z jajčno mešanico.
e) Pečemo v pečici, dokler se fritaja ne strdi in zlato rjavo zapeče.

14.Bezgov francoski toast

SESTAVINE:
- 4 rezine kruha
- 2 veliki jajci
- ½ skodelice mleka
- 2 žlici bezgovega sirupa
- ½ čajne žličke vanilijevega ekstrakta
- Maslo ali olje za kuhanje
- Dodatki: sladkor v prahu, javorjev sirup, sveže sadje itd.

NAVODILA:
a) V plitvi skledi zmešajte jajca, mleko, bezgov sirup in vanilijev ekstrakt.
b) Vsako rezino kruha pomočite v jajčno mešanico in pustite, da se na vsaki strani nekaj sekund namoči.
c) Na srednjem ognju segrejte ponev ali rešetko, ki se ne sprijema, in stopite majhno količino masla ali olja.
d) Namočene rezine kruha položite na ponev in pecite do zlato rjave barve na vsaki strani, približno 2-3 minute na stran.
e) Ponovite s preostalimi rezinami kruha in po potrebi v ponev dodajte več masla ali olja.
f) Bezgov francoski toast postrezite topel s svojimi najljubšimi prelivi, kot je sladkor v prahu, javorjev sirup, sveže sadje ali kanček stepene smetane.

15. Bezgovi vaflji

SESTAVINE:
- 1½ skodelice (220 g) večnamenske bele moke
- ½ skodelice (70 g) polnozrnate moke (ali uporabite vso belo moko)
- 2 jajci, ločeni
- ¾ skodelice (180 ml) mleka, mlečnih izdelkov ali rastlinskega izvora
- ¼ skodelice (60 ml) bezga in limone (ali nadomestek dodatnega mleka)
- ¼ skodelice (60 ml) naravnega jogurta (neobvezno)
- 50 g masla, stopljenega
- 2 žlički pecilnega praška
- 1 žlica sladkorja
- Maslo ali olje za kuhanje
- Mešano jagodičevje (odmrznjeno, če je zamrznjeno)
- Jogurt ali stepena smetana
- Tekoči med ali javorjev sirup

NAVODILA:
a) Začnite tako, da v skledo za mešanje daste belo moko. Na sredini naredite jamico in dodajte rumenjake, mleko, sladico in po želji jogurt. Te sestavine stepajte skupaj, dokler ne dobite gostega testa. Skledo pokrijemo s krožnikom in čez noč postavimo v hladilnik.
b) Beljake dajte v pokrito posodo, vendar jih hranite na kuhinjskem pultu (ne shranjujte v hladilniku), da poenostavite jutranji postopek.
c) Testo vzemite iz hladilnika. Maslo raztopimo in ga skupaj s pecilnim praškom nežno vmešamo v testo.
d) Beljake in sladkor damo v posebno posodo. Z električno metlico jih mešajte, dokler ne nastanejo mehki vrhovi. Masi dodamo žlico stepenih beljakov, da se zgosti, nato pa nežno vmešamo še preostalo meringo.
e) Izogibajte se pretiranemu mešanju, da ohranite prostornino v mešanici. Če želite, lahko ta korak preskočite in testu večer prej dodate celo jajce in sladkor.
f) Segrejte pekač za vaflje. Dodajte malo masla (priporočljivo je prečiščeno maslo, da se ne zažge) in s čopičem za pecivo enakomerno premažite grelne plošče.
g) Približno ½ skodelice testa dajte v pekač za vaflje, spustite pokrov in kuhajte, dokler ne postanejo zlatorjavi, kar običajno traja približno 2 minuti.
h) Lahko pa uporabite močno ponev in pečete vroče pecivo na zmernem ognju, dokler obe strani ne zlato porjavijo.
i) Kuhane vaflje položite na rešetko za torte pri mizi, da preprečite, da bi se razmočili. Takoj postrezite s pogretim jagodičevjem in kepico jogurta ali smetane, nato pa jih pokapljajte z medom ali javorjevim sirupom.
j) Uživajte v svojih osupljivih bezgovih vafljih!

16. Pita iz zelenja, zelišč in jajc

SESTAVINE:
- 2 funta Sveže zelenje
- Sol
- ½ šopka Svež peteršilj; sesekljan
- ½ šopka Svež koper; sesekljan
- 1 peščica svežega čemaža; sesekljajte.
- ¼ skodelice Maslo ali margarina
- 1 šopek kapestose; sesekljan
- ½ čajne žličke Mletega pimenta
- ½ čajne žličke cimet in ½ čajne žličke muškatni oreček
- 2 čajni žlički Kristalni sladkor
- Sol in sveže mlet poper
- 5 jajc; rahlo pretolčeno
- 1 skodelica Nadrobljen feta sir
- ½ skodelice Mleko ali več
- ½ skodelice Maslo (neobvezno); stopljeno
- 12 komercialnih filo listov

NAVODILA:
a) Špinačo v veliki skledi zmešajte s peteršiljem, koprom in čemažem ter dobro premešajte. V veliki ponvi segrejte ¼ skodelice masla, na maslo dodajte mlado čebulo in jo pražite, da beli deli postanejo prosojni.
b) Dodajte zelenjavo, začimbe, sladkor ter dovolj soli in popra za začimbe.
c) Zdaj dodamo jajca, feto in toliko mleka, da nasičimo zeleno s. Razširite 6 listov filo, vsakega namažite s stopljenim maslom. Vlijemo nadev, ki ga enakomerno porazdelimo. Pečemo 45 minut.

17.Klobasa iz svežih zelišč

SESTAVINE:
- 4-metrska majhna svinjska čreva
- 2 funta filejev bele ribe, narezanih na kocke
- 1 jajce, pretepeno
- 2 žlici sesekljanega svežega drobnjaka
- 1 žlica sesekljanega svežega peteršilja
- 1 čajna žlička limoninega soka
- ½ čajne žličke soli zelene
- ½ čajne žličke črnega popra

NAVODILA:
a) Pripravite ohišja. Dajte ribo v kuhinjski robot in mešajte, dokler se riba ne zlomi.
b) Dodajte preostale sestavine in obdelajte, dokler ni vse dobro premešano.
c) Napolnite ohišja in jih odvijte na 3-4" dolžine.

ZAGODNIKI

18. Mladi korenčki v zeliščnem kisu

SESTAVINE:
- 20 majhnih korenje
- ¾ skodelice sladkorja
- 1 žlica limoninega soka
- 1 žlica masla
- 2 žlici pehtranovega kisa

NAVODILA:
a) V majhno ponev dajte korenje, vodo in limonin sok.
b) Pokrijte in dušite 5 minut.
c) Odstranite pokrov, povečajte toploto in med mešanjem kuhajte, dokler tekočina ne izpari (5 minut). Zmanjšajte toploto.

19.Artičoke z zelišči

SESTAVINE:
- 2 veliki artičoki (ali 4 srednje velike)
- 1 majhen korenček
- 1 majhna čebula
- 1 žlica olivnega olja
- 2 žlici peteršilja; sesekljan
- ½ čajne žličke posušenih listov bazilike
- ½ čajne žličke origana
- ½ čajne žličke kopra
- 1 strok česna
- Sol
- 1 skodelica vina, suho belo
- Popramo po okusu

NAVODILA:
a) V mešalniku zmešajte korenček, čebulo, peteršilj, posušena zelišča, česen ter sol in črni poper po okusu; obdelajte, dokler ni drobno sesekljan. Zeliščno mešanico nadevamo med liste artičoke
b) V 4- ali 6-qt lonec na pritisk postavite rešetko, vino in ½ skodelice vode. Postavite artičoke na stojalo; varno zaprite pokrov. Namestite regulator tlaka na odzračevalno cev.
c) Kuhajte 20 minut pri tlaku 15 funtov .

20. Kanapeji z limonino-zeliščno glazuro

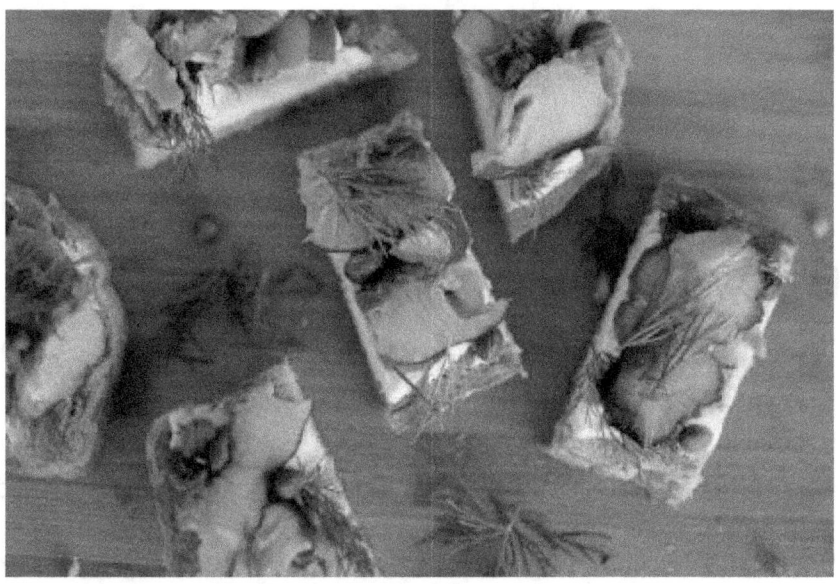

SESTAVINE:
- Pumpernickel kruh s kremnim sirom in narezanim dimljenim lososom
- Na maslu namazan slani rž z narezanim jajcem in kaviarjem
- Slana ržena s hrenom; čili omaka; drobne kozice
- 1⅔ skodelice vode
- ⅛ čajne žličke popra
- ½ lovorjev list
- ½ čajne žličke posušenega kopra
- 1 paket (3 oz.) želatine z okusom limone
- 1 žlica kajenskega popra
- 3 žlice kisa

NAVODILA:
a) Postavite na rešetko in vsak kanape prelijte z 2 do 3 žlicami limonine zeliščne glazure.
b) Limonina zeliščna glazura: zavrite vodo; dodajte poper v zrnju, lovorjev list in posušen koper. Pokrijte in dušite približno 10 minut. Obremenitev. V vroči tekočini raztopimo želatino, sol in kajensko papriko. Dodajte kis. Ohladite, dokler se rahlo ne zgosti. Mešanico z žlico prelijemo po kanapejih

21. Pica s svežim zeliščnim sirom

SESTAVINE:
- 1 žlica koruznega zdroba
- 1 pločevinka (10 oz.) že pripravljene skorje za pico
- 1 žlica oljčnega olja ali olja
- 1 strok česna; mleto
- 6 unč naribanega sira Mozzarella
- ½ skodelice Nariban parmezan
- 1 žlica sesekljane sveže bazilike
- 1 žlica sesekljanega svežega origana

NAVODILA:
a) Namastite 12-palčni pekač za pico ali 13x9-palčni pekač; potresemo s koruznim zdrobom. Razvaljajte testo; pritisnemo v pomaščen pekač.
b) V majhni skledi zmešajte olje in česen; pokapajte po testu. Po vrhu enakomerno potresemo mocarelo, parmezan, baziliko in origano.
c) Pečemo pri 425 13-16 minut ali dokler skorja ni globoko zlato rjava

22. Piškoti iz svežih zelišč in drobnjaka

SESTAVINE:
- 8 unč čvrstega svilenega tofuja
- ⅓ skodelice jabolčnega soka
- 1 žlica limoninega soka
- 1 skodelica polnozrnate moke
- 1 skodelica večnamenske moke
- 2 žlički pecilnega praška
- ½ čajne žličke sode bikarbone
- ¼ čajne žličke soli, neobvezno
- 2 žlici sesekljane bazilike -=ALI=-
- 1 žlica bazilike, posušene
- 2 žlici drobnjaka, sesekljanega -=ALI=-
- 1 žlica posušenega drobnjaka

NAVODILA:
a) Pečico segrejte na 450 F in naoljite pekače za piškote.
b) Zmešajte tofu do gladkega. Zmešajte jabolčni in limonin sok. Prenesite v srednje veliko posodo za mešanje in pustite na stran. Naslednjih 5 sestavin presejte skupaj in jih dodajte v mešanico tofuja. Vmešamo baziliko in drobnjak. Testo zvrnemo na rahlo pomokano desko in oblikujemo v kroglo. Testo razvaljamo na ½" debeline in narežemo z modelčkom za piškote. Pečemo 12 minut in takoj postrežemo.

23. Vietnamski spomladanski zavitki

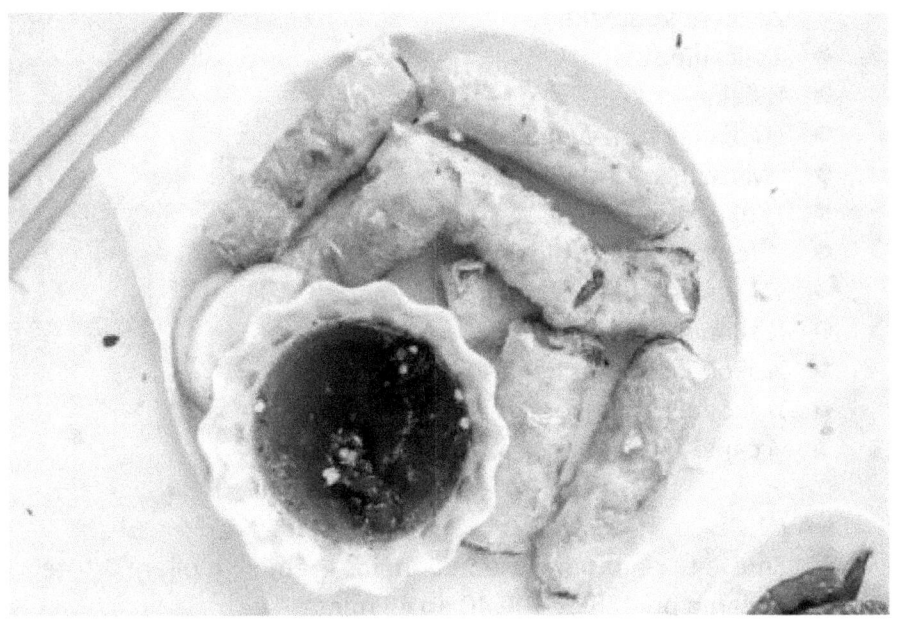

SESTAVINE:
- 1 Rdeči hlastač
- 2 žlici ribje omake
- 2 žlici medu
- ½ čajne žličke Azijsko sezamovo olje
- 40 ovojev iz riževega papirja
- Meta in svež koriander
- Tanke rezine angleške kumare
- ½ funta svežih fižolovih kalčkov
- solatni listi
- ¼ skodelice riževega kisa
- ¼ skodelice limetinega soka
- ¼ skodelice sladkorja
- ¼ čajne žličke Pekoča azijska čili omaka

NAVODILA:
a) Zmešajte ribjo omako z medom in sezamovim oljem. Vtrite v ribe. Pečemo pri 425F/210C 40 do 45 minut .
b) V majhni servirni skledi zmešajte sestavine za omako.
c) Odlomite kos ribe in ga položite na sredino vsakega zavitka tik pod sredino. Na ribe dodajte meto in koriander, 1 rezino kumare in nekaj fižolovih kalčkov. Prelijemo z omako .

24. Ocvrt haloumi sir

SESTAVINE:
- 4 zreli paradižniki
- 1 rdeča čebula
- 1 kumara
- 20 črnih oliv; brez koščic
- 1 šopek ploščatega peteršilja
- 100 gramov sira Haloumi e
- Bazilika; drobno sesekljan
- koriander; drobno sesekljan
- Chervil
- drobnjak
- 200 mililitrov olivnega olja
- 2 limone; sok iz
- 1 žlica belega vinskega kisa
- Sol in poper

NAVODILA:
a) Vse skupaj zmešajte v skledi s čebulo in nekaj peteršilja. Zalijemo z nekaj olivnega olja ter solimo in popramo.
b) V vroči ponvi proti prijemanju popečemo sir Haloumi brez olja.
c) Položite na vrh solate in okrog krožnika pokapajte zeliščno olje. Zdaj dodajte nekaj limoninega soka .

25. Zeliščni ocvrtki

SESTAVINE:
- 1 funt listov mešane zeliščne solate
- ¼ skodelice sveže naribanega parmezana
- 3 jajca proste reje; rahlo pretolčeno
- 1 skodelica svežih drobtin
- 2 žlici nesoljenega masla
- Sončnično olje
- Sol in sveže mlet poper

NAVODILA:
a) Liste zelišč položite v srednje veliko skledo. Primešamo čebulo, baziliko, parmezan, drobtine, jajca in začimbe.
b) V veliki ponvi stopite maslo. Dodajte toliko olja, da je v ponvi ¼ palca olja. Z 1 velikodušno žlico mešanice za vsak ocvrt ocvrti ocvrtki po nekaj naenkrat do temno zlate barve, približno 3 minute na vsaki strani.
c) Odcedimo na kuhinjskem papirju; hranite na toplem v nizki pečici, dokler niso pečeni preostali ocvrtki.

26.Zeliščna kozica v pivu

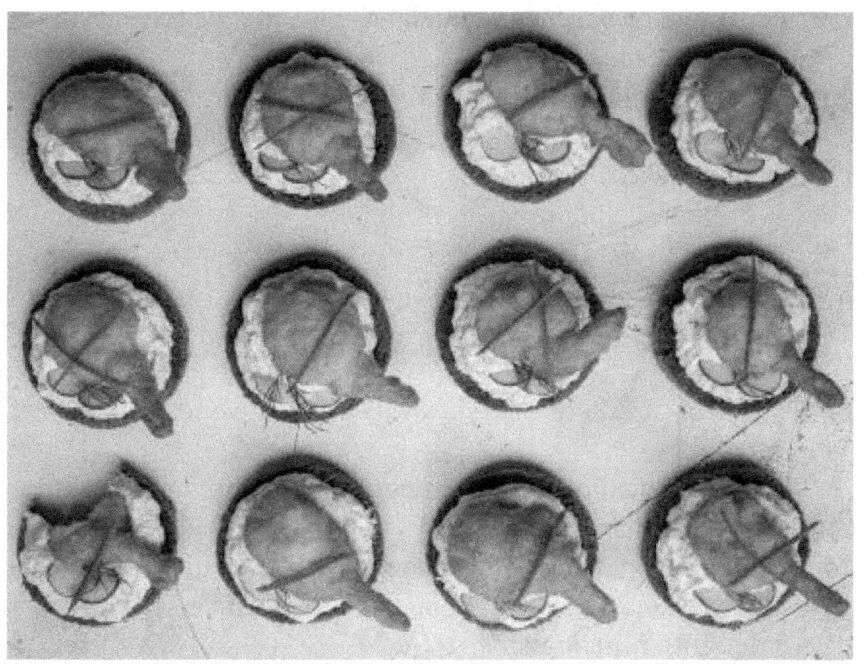

SESTAVINE:
- 2 funta olupljenih surovih kozic
- 1½ skodelice odličnega zahodnega piva
- 2 stroka česna, mleto
- 2 žlici drobnjaka, narezanega
- 2 žlici peteršilja, narezanega
- 1½ čajne žličke soli
- ½ čajne žličke popra
- Narezana solata
- 2 Zeleni čebuli, drobno sesekljani

NAVODILA:
a) V skledi zmešajte vse sestavine razen zelene solate in zelene čebule.
b) Pokrijte, ohladite 8 ur ali čez noč; občasno premešamo. Odcedite, prihranite marinado
c) Kozice pečemo 4 cm od vročine, dokler niso kuhane in mehke.
d) Ne prekuhajte, sicer bodo kozice postale žilave. Občasno premažite z marinado.
e) Postrezite kozice na nastrgani zeleni solati; potresemo s sesekljano zeleno čebulo.

27. Suhe fige z zelišči

SESTAVINE:
- ½ funta suhih fig
- ½ funta posušenih brusnic
- 2 skodelici rdečega vina
- ¼ skodelice sivke ali aromatiziranega medu
- Začimbe, vezane v gazo:

NAVODILA:
a) Fige dodajte v ponev z rdečim vinom in medom ter gazo z izbranimi zelišči. Pustite vreti in pokrito kuhajte 45 minut ali dokler se res ne zmehča.
b) Odstranite fige iz ponve; tekočino zavrite, dokler ne ostane več kot polovica.
c) Začimbe zavrzite v gazo. Postrezite takšno, kot je, ali jo prelijte z vanilijevim šerbetom ali ledenim mlekom.

28. Enostavna zeliščna fokača

SESTAVINE:
- 16 unč pakirana vroča mešanica za zvitke
- 1 jajce
- 2 žlici Olivno olje
- ⅔ skodelice Rdeča čebula; Drobno sesekljan
- 1 čajna žlička posušenega rožmarina; Zdrobljen
- 2 čajni žlički Olivno olje

NAVODILA:
a) Dva okrogla pekača rahlo namastimo.
b) Pripravite vročo mešanico za zvitke v skladu z navodili na embalaži za osnovno testo, pri čemer uporabite 1 jajce in zamenjajte margarino z 2 žlicama olja, kot je navedeno na embalaži. Zamesimo testo; pustite počivati po navodilih. Če uporabljate okrogle pekače, testo razdelite na pol; razvaljajte v dva 9-palčna kroga. Postavite v pripravljeno posodo.
c) Čebulo in rožmarin prepražimo v ponvi na 2 žličkah vročega olja, dokler se ne zmehčata. S konicami prstov pritisnite vdolbine na vsak centimeter v testu
d) Pečemo v pečici pri 375 stopinjah 15 do 20 minut ali do zlate barve. Ohladite 10 minut na rešetki. Odstranite iz pekača in popolnoma ohladite.

29. Brusketa z divjimi gobami

SESTAVINE:
- 1 skodelica narezanih divjih gob (lisičke, smrčki ali katere koli druge).
- 1 bageta
- 2 stroka česna, nasekljana
- 2 žlici olivnega olja
- Sol in poper po okusu

NAVODILA:
a) Očistite in nasekljajte 1 skodelico gozdnih gob.
b) Gobe prepražimo na 2 žlicah olivnega olja z 2 sesekljanima strokoma česna.
c) Toast rezine bagete.
d) Zgornje rezine bagete obložite s prepraženimi gobami.
e) Začinimo s soljo in poprom. Postrežemo toplo.

30. Pesto iz divjega česna Crostini

SESTAVINE:
- 1 skodelica listov divjega česna
- 1/2 skodelice pinjol
- 1/2 skodelice parmezana, naribanega
- 1/2 skodelice olivnega olja
- Rezine bagete
- Sol in poper po okusu

NAVODILA:
a) Zmešajte divji česen, pinjole, parmezan in olivno olje do gladkega.
b) Rezine bagete popečemo in namažemo s pestom iz divjega česna.
c) Začinimo s soljo in poprom.

31. Ocvrtki iz želodove buče

SESTAVINE:
- 2 skodelici želodove buče, naribane
- 1 jajce
- 1/4 skodelice moke
- 1/4 skodelice naribanega parmezana
- 1/4 skodelice zelene čebule, sesekljane
- Sol in poper po okusu
- Oljčno olje za cvrtje

NAVODILA:
a) Zmešajte naribano želodovo bučo, jajce, moko, parmezan in zeleno čebulo.
b) Oblikujte polpete in jih na olivnem olju zlato rjavo ocvrite.
c) Začinimo s soljo in poprom. Postrežemo toplo.

PREJEDI

32. Sončna juha

SESTAVINE:
- 2 lbs sončne dušilke
- 2 stebli zelene, grobo narezani
- 1 na kocke narezana čebula
- 2 žlici olivnega olja
- 1 strok česna
- 4 skodelice zelenjavne juhe
- ½ žličke posušenega origana, posušenih listov bazilike in timijana
- 1 skodelica vode
- Sol in poper po okusu

NAVODILA:
a) Očistite sončne dušilke, da jih odstranite
b) umazanijo in nato sperite pod vodo. Ko so sončke očiščene, jih grobo narežemo na kocke in damo v velik lonec.
c) Lonec napolnite z vodo, dokler sončni čoki niso potopljeni. Sunčoke kuhajte do mehkega, približno 8 minut. Odcedite, nato odstavite.
d) V veliki nizozemski pečici segrejte olivno olje in dodajte na kocke narezano čebulo in sesekljan česen. Ko čebula postekleni, dodamo sesekljano zeleno. Med pogostim mešanjem kuhajte približno 3 minute.
e) Dodamo kuhane sončke, origano, liste bazilike, timijan, osnovo in vodo. Mešajte, da se združi.
f) Juho zavrite, nato pa zmanjšajte vrenje. Kuhajte 40 minut, dokler sončki niso mehki in mehki.
g) Pustite, da se juha ohladi, nato pa zmešajte na visoki hitrosti v mešalniku, dokler juha ni kremasta in gladka.

33. Piščančje prsi, glazirane s kostanjem

SESTAVINE:
- Kostanjeva javorjeva omaka
- Ameriški slivov kečap
- 4 piščančje prsi
- 2 mleta stroka česna
- 1 narezana čebula
- 1 žlica oljčnega olja
- Sol in poper

NAVODILA:
a) V ponvi na srednjem ognju segrejte oljko. Ko zasveti, dodajte narezano čebulo in ščepec
b) sol. Pustimo kuhati 5 minut, nato pokrijemo in pustimo karamelizirati še 10 minut. Dodamo sesekljan česen in kuhamo 1 minuto.
c) V ponev dodajte piščančje prsi in jih pecite na obeh straneh, dokler rahlo ne porjavijo in ne postanejo več rožnate.
d) Kostanjevo javorjevo omako premažite po vsaki piščančji prsi in kuhajte vsako stran, dokler piščanec ne karamelizira iz omake, približno tri minute na vsaki strani.
e) V ponev nalijte še ½ skodelice kostanjeve javorjeve omake. Kuhajte s piščancem še 2 minuti.
f) Na krožnik postrezite glazirane piščančje prsi s pečeno zelenjavo in kančkom ameriškega slivovega kečapa.

34. Tajski kari z maslenim orehom

SESTAVINE:
- 2 skodelici arašidov, namočenih čez noč v vodi
- 1 pločevinka kokosovega mleka
- 1 skodelica zelenjavne juhe
- 2 žlici tajske rdeče čilijeve paste
- 1 žlica rastlinskega ali oljne repice
- 1 šalotka, narezana
- 2 stroka česna, nasekljana
- 1 žlička naribanega ingverja
- 1 rdeča paprika, vzdolžno narezana na trakove
- 1 skodelica zelenega fižola
- ½ žličke kajenskega popra
- ½ žličke čilija v prahu

NAVODILA:

a) Iz namočenih arašidov odlijemo vodo in jih damo v hitri mešalnik ali kuhinjski robot. Procesirajte, dokler ni gladka in kremasta. .

b) V ponvi ali nizozemski pečici segrejte rastlinsko olje na srednjem ognju. Dodamo narezano šalotko in sesekljan česen. Mešajte, dokler šalotka ni prosojna, približno 5 minut.

c) Vmešajte mleti ingver, tajski rdeči čili, kajenski poper in čili v prahu. Pustite, da se segreje in odišavi približno 45 sekund.

d) Dodamo sesekljano rdečo papriko in stročji fižol. Mešajte 1 minuto, nato vlijte zmešane arašide in zelenjavno osnovo. Zavremo in kuhamo približno 10 minut na srednje nizkem ognju.

e) Prilijemo kokosovo mleko. Mešajte, dokler se ne zmeša, in zavrite. Znižajte ogenj in zavrite, nato pokrijte in kuhajte 15 minut.

35.Njoki iz koprive

SESTAVINE:
- 2 skodelici pakiranih kopriv
- 2 jajci
- 2 velika rdečerjava krompirja
- 1 skodelica večnamenske moke
- 1 žlica oljčnega olja
- Sol in poper
- limonina lupina (za okras)

NAVODILA:
a) Napolnite velik lonec z vodo. Dodajte krompir in na močnem ognju zavrite, dokler se krompir ne zmehča.
b) Medtem pripravimo koprive. Postavite
c) koprive v posodo in posodo napolnite z vodo, dokler koprive niso potopljene. Koprive močno premešajte, da odstranite umazanijo. Pustite stati eno minuto, nato pa koprive odcedite skozi cedilo. Koprive v cedilu prelijte z vodo, da jih še zadnjič splaknete.
d) V ponvi na zmernem ognju segrejte olivno olje. Dodamo koprive in premešamo. Kuhajte, dokler koprive ne ovenijo, približno 5 minut.
e) V blender dajte koprive, jajce in žlico vode. Dodajte ščepec soli in popra. Zmes mešajte, dokler ne nastane pasta.
f) Ko je krompir kuhan, pustite, da se ohladi. Krompir rižite ali naribajte, da nastanejo drobne grudice krompirja, nato pa rižan/nariban krompir v skledi pretlačite.
g) Krompirju dodamo koprivno pasto in premešamo. Dodamo moko in gnetemo dokler ne nastane gladko in rahlo lepljivo testo. Testo razrežemo na dva dela.
h) En kos testa položimo na pomokano površino in zvijemo v poleno. Poleno razrežite na ½-palčne kose. Ponovite z drugim kosom testa.
i) Velik lonec vode s ščepcem soli zavremo. Njoke skuhamo v štirih sklopih. Njoki so kuhani, ko se dvignejo do vrha vode.
j) Ko ste pripravljeni za serviranje, njoke okrasite s kančkom oljčnega olja, limonino lupinico in poprom.

36.Bezgova glazirana tilapija

SESTAVINE:
- 1 skodelica nahranjenih bezgovih jagod
- ½ žličke naribanega cimeta
- 1 žlička naribane pomarančne lupinice
- 1 žlička naribane limonine lupinice
- ½ skodelice napolnjene vode
- ½ skodelice gojenega medu
- Fileti tilapije (ulovljeni v naravi, če je mogoče)
- 1 žlica oljčnega olja
- Sol in poper po okusu
- Sveže skuhani limonin sok po okusu

NAVODILA:

a) V srednje veliki košari zmešajte bezgove jagode, pražen cimet, praženo pomarančno lupinico, praženo limonino lupinico in namazano vodo. Postavite košaro nad odprt ogenj ali prenosni štedilnik za rustikalno kuharsko izkušnjo.
b) Mešanico rahlo zavrite, nato znižajte ogenj in pustite vreti, dokler se mešanica ne zgosti in zmanjša.
c) Pustite, da se napolnjena mešanica nekoliko ohladi, nato pa jo prelijte čez sito z drobnimi mrežicami, nameščeno na skledo za krmo. Zavrzite vse utrjene trdne snovi.
d) Napravljen bezgov sok pustite stati v skledi 15 minut pri sobni zunanji temperaturi ali 30 minut pokrit v senčenem prostoru s krmo. Ko je ohlajeno, vmešajte nahranjen med, dokler se ne združi. Dati na stran.
e) Medtem na odprtem ognju ali žaru postavite improviziran pitovni piščančje meso na prostem. V nabrušen plitev pekač ali enolončnico, ki jo najdete med raziskovanjem na prostem, razporedite fileje divje ulovljene tilapije v eno plast.
f) Tilapijo kuhajte pod odprtim nebom ali nad žarom 5 minut ali dokler ne ujame bistva čudovitega bistva na prostem.
g) Odstranite tilapijo iz pitovnega piščanca na prostem in ribo potresite s pripravljenim oljčnim oljem ter kančkom soli in popra. Vrhove filejev prelijte z bezgovo glazuro, narejeno iz danosti narave, dokler niso prevlečeni, vendar ne preveč namočeni.
h) Vrnite ponev na zunanji brojler za nadaljnjih 5 minut in pustite, da vrhovi filejev dosežejo rahlo karamelizirano popolnost, ki spominja na pojedino v divjini.
i) Uživajte v tilapiji, glazirani z bezgom, s stiskanjem limone in dodatnim kančkom divje glazure. Okusite okuse na prostem v vsakem grižljaju!

37.Bvarska zeliščna juha

SESTAVINE:
- 1 funt zelišč
- 4 žlice masla
- 1 velika čebula, sesekljana
- 1 liter vode ali zelenjavne juhe
- 1 velik krompir, olupljen in narezan na majhne kocke
- sol in poper
- kruhove kocke za krutone
- čebulica, vodna kreša, špinača, kislica

NAVODILA:

a) V globoki ponvi stopite maslo in na njem rahlo prepražite čebulo, da postane prozorna. Dodajte zelišča in jih za trenutek potite, preden vlijete vodo ali juho. Krompir dodamo v juho. Juho zavremo, nato pa ogenj zmanjšamo. Dušimo 20 minut. V juhi pretlačimo krompir, da se malo zgosti. Okusite ter dodajte sol in sveže mlet poper.

b) Postrezite s kruhovimi krutoni, popečenimi na maslu ali slanini

38.Poletna bučna juha

SESTAVINE:
- 4 srednje bučke; pranje, narezano na 1"
- 1 velika rumena buča Crookneck; pranje, narezano na 1"
- 1 ponev za squash; razčetverjen
- 1 velika čebula; tanko narezan
- 1 čajna žlička česna; drobno mleto
- 3 skodelice piščančje juhe; razmaščena (3 do 3,5)
- Sol in sveže mleti beli poper; okusiti
- 2 žlici sveže bazilike; drobno sesekljan
- 2 žlici svežega peteršilja; drobno sesekljan
- 1 žlica limoninega soka
- 1 skodelica pinjenca
- sveža bazilika; sesekljan
- Svež peteršilj; sesekljan

NAVODILA:
a) V veliko ponev dajte vse buče. Dodajte čebulo, česen, juho ter sol in poper; zavrite, pokrijte, zmanjšajte ogenj in pustite vreti 20 do 25 minut .
b) Pire v kuhinjskem robotu ali mešalniku z baziliko, peteršiljem in limoninim sokom do gladkega
c) Vmešajte pinjenec
d) Ko ste pripravljeni za serviranje, zmešajte dokler ni gladka in dodajte začimbe s soljo in poprom.

39. Rižota z divjimi gobami

SESTAVINE:
- 1 skodelica divjih gob (lisičke, smrčki ali katere koli druge)
- 1 skodelica riža Arborio
- 1/2 skodelice suhega belega vina
- 4 skodelice zelenjavne ali piščančje juhe
- 1 čebula, drobno sesekljana
- 2 stroka česna, nasekljana
- 1/2 skodelice parmezana, naribanega
- 2 žlici masla
- Sol in poper po okusu

NAVODILA:
a) Na maslu prepražimo čebulo in česen, da posteklenita.
b) Dodamo riž Arborio in kuhamo, dokler ni rahlo popečen.
c) Prilijemo belo vino in mešamo, dokler večina ne izhlapi.
d) Med pogostim mešanjem postopoma prilivamo toplo juho, dokler riž ni kuhan.
e) Primešamo gozdne gobe in parmezan. Začinimo s soljo in poprom. Postrežemo toplo.

40.Juha iz kopriv in krompirja

SESTAVINE:
- 4 skodelice svežih listov koprive
- 2 krompirja, narezana na kocke
- 1 čebula, sesekljana
- 2 stroka česna, nasekljana
- 4 skodelice zelenjavne juhe
- 2 žlici olivnega olja
- Sol in poper po okusu

NAVODILA:
a) Pri rokovanju s koprivami nosite rokavice. Odstranite stebla in sesekljajte liste.
b) Na oljčnem olju prepražimo čebulo in česen, da posteklenita.
c) Dodamo krompir, koprive in zelenjavno juho. Dušimo, dokler se krompir ne zmehča.
d) Juho mešajte, dokler ni gladka. Začinimo s soljo in poprom.

41. Nahranjena postrv z zeliščno skorjo

SESTAVINE:
- 4 fileje postrvi
- 1/2 skodelice nasekljanih mešanih zelišč (rožmarin, timijan, origano)
- 2 žlici olivnega olja
- 1 limona, narezana
- Sol in poper po okusu

NAVODILA:
a) Pečico segrejte na 375 °F (190 °C).
b) Zmešajte sesekljana zelišča z olivnim oljem.
c) Z zeliščno mešanico natrite fileje postrvi. Začinimo s soljo in poprom.
d) Na vrh položite rezine limone in pecite 15-20 minut, da se riba zlahka razkosmi.

42. Polnjeni grozdni listi s krmnim zelenjem

SESTAVINE:
- 1 skodelica krmnega zelenja (regratovi listi, listi trpotca)
- 1 skodelica riža, kuhanega
- 1/4 skodelice pinjol
- 1/4 skodelice ribeza
- 1 limona, iztisnjen sok
- Listi grozdja (sveži ali konzervirani)
- Olivno olje
- Sol in poper po okusu

NAVODILA:
a) Liste grozdja blanširajte v vreli vodi, dokler se ne zmehčajo.
b) V skledi zmešajte kuhan riž, zelenjavo, pinjole, ribez in limonin sok.
c) Na vsak grozdni list položimo žlico zmesi in zvijemo v tesen snop.
d) Nadevane vinske liste razporedimo po pekaču, pokapamo z oljčnim oljem in pečemo do segretja.

43. Piščančje prsi, polnjene z divjimi zelišči in kozjim sirom

SESTAVINE:
- 4 piščančje prsi
- 1 skodelica sesekljanih mešanih zelišč (timijan, žajbelj, majaron).
- 1/2 skodelice kozjega sira
- 2 žlici olivnega olja
- Sol in poper po okusu

NAVODILA:
a) Pečico segrejte na 375 °F (190 °C).
b) Nasekljana zelišča zmešamo s kozjim sirom.
c) Na vsaki piščančji prsi naredite žepek in napolnite z mešanico zelišč in kozjega sira.
d) Piščančje prsi začinite s soljo in poprom, nato jih prepražite na olivnem olju do zlato rjave barve. Dokončajte pečenje v pečici, dokler ni pečeno.

44.Praproti Fiddleglavo in šparglji

SESTAVINE:
- 1 skodelica praproti, očiščene
- 1 skodelica špargljev, narezanih
- 1 žlica sezamovega olja
- 2 stroka česna, nasekljana
- Sojina omaka po okusu
- Sezamovo seme za okras

NAVODILA:
a) Praproti in šparglje nekaj minut blanširajte v vreli vodi, nato jih odcedite.
b) V ponvi segrejemo sezamovo olje, dodamo sesekljan česen in prepražimo blanširano zelenjavo.
c) Dodajte sojino omako po okusu in nadaljujte s kuhanjem, dokler se zelenjava ne zmehča.
d) Pred serviranjem okrasite s sezamovimi semeni.

45. Quiche iz lisičk in pora

SESTAVINE:
- 1 skorja za pito
- 2 skodelici očiščenih in narezanih lisičk
- 1 por, narezan na tanke rezine
- 1 skodelica sira Gruyere, naribanega
- 4 jajca
- 1 skodelica mleka
- Sol in poper po okusu

NAVODILA:
a) Pečico segrejte na 375 °F (190 °C).
b) Pražite gobe lisičke in por, dokler se ne zmehčata.
c) V skledi zmešajte jajca, mleko, sol in poper.
d) Prepražene gobe in por razporedimo po skorji pite, potresemo z naribanim sirom in prelijemo z jajčno mešanico.
e) Pečemo, dokler se quiche ne strdi in zlato zapeče.

46.Kaša s suhim sadjem

SESTAVINE:
- 2 žlici olja Canola
- 1 velika čebula, drobno sesekljana
- 3 do 4 stebla zelene
- 2 žlici mletega žajblja
- 2 žlici listov timijana
- Sol in poper po okusu
- Lupina 1 limone, zmleta
- 4 skodelice kuhanega polnega kaša zdrobov, kuhanega v piščančji juhi za dodaten okus
- 1 skodelica na kocke narezanega mešanega suhega sadja
- ½ skodelice praženih orehov

NAVODILA:
a) V veliki ponvi segrejte olje in na njem med občasnim mešanjem prepražite čebulo, dokler ne oveni. Dodajte zeleno, žajbelj, timijan, sol in poper ter med mešanjem kuhajte še 5 minut.
b) Primešamo limonino lupinico in združimo s kuhano kašo. Suho sadje poparite v sopari za zelenjavo, da se zmehča in dodajte skupaj z orehi.
c) Postrezite vroče kot prilogo ali uporabite kot nadev.

47.Piščančja krema z zelišči s

SESTAVINE:
- 1 pločevinka Kremna piščančja juha
- 1 pločevinka piščančja juha
- 1 pločevinka mleka
- 1 pločevinka vode
- 2 skodelici mešanice za peko Bisquick
- ¾ skodelice mleka

NAVODILA:
a) Izpraznite pločevinke juhe v veliko ponev
b) Vmešajte pločevinke vode in mleka. Mešajte skupaj do gladkega. Na srednjem ognju segrevamo do vretja
c) Zmešajte Bisquick in mleko. Testo mora biti gosto in lepljivo . Testo po žličkah polagamo v vrelo juho.
d) Cmoke kuhamo pribl. 8 do 10 minut. nepokrito

48.Marelice Dijon glazirani puran

SESTAVINE:
- 6 kock piščančje juhe
- 1½ skodelice nekuhanega dolgozrnatega belega riža
- ½ skodelice narezanih mandljev
- ½ skodelice sesekljanih suhih marelic
- 4 zelene čebule z vrhovi; narezana
- ¼ skodelice narezanega svežega peteršilja
- 1 žlica pomarančne lupinice
- 1 čajna žlička Posušen rožmarin; zdrobljen
- 1 čajna žlička Posušeni listi timijana
- 1 polovica puranjih prsi brez kosti - približno 2 1/2 funta
- 1 skodelica Marelična marmelada ali pomarančna marmelada
- 2 žlici dijonske gorčice

NAVODILA:
a) Za zeliščni pilav zavrite vodo. Dodajte juho . Odstranite z ognja v skledo. Dodajte vse preostale sestavine za pilaf razen purana; dobro premešaj. Na mešanico riža položite purana .
b) Pokrijte in pecite 45 minut
c) Odstranite purana iz pečice; previdno odstranite Pekač z rokavicami.
d) Pilav tik pred serviranjem premešamo, postrežemo s puranom in omako.

49. Piščanec in riž na zeliščni omaki

SESTAVINE:
- ¾ skodelice tople vode
- ¼ skodelice belega vina
- 1 čajna žlička zrnc juhe z okusom piščanca
- 4 (4 oz.) polovice piščančjih prsi brez kože in kosti
- ½ čajne žličke koruznega škroba
- 1 žlica vode
- 1 paket sira na neufchatelski način z zelišči in začimbami
- 2 skodelici vroče kuhanega dolgozrnatega riža

NAVODILA:
a) V veliki ponvi na srednje močnem ognju zavrite vročo vodo, vino in zrnca juhe. Zmanjšajte toploto in dodajte piščanca, dušite 15 minut; obrne po 8 minutah. Ko je piščanec pripravljen, ga hranite na toplem. Tekočino za kuhanje zavrite, zmanjšajte na ⅔ skodelice.
b) Zmešajte koruzni škrob in vodo ter dodajte tekočini. Zavremo in ob stalnem mešanju kuhamo 1 minuto. Dodamo kremni sir in med stalnim mešanjem z metlico kuhamo, dokler se dobro ne zmeša. Služiti:
c) Na riž nanesite piščanca, čez piščanca prelijte omako

50. Piščanec v smetani in zeliščih

SESTAVINE:
- 6 Piščančja bedra, olupljena in izkoščena
- Univerzalna moka, začinjena s soljo in poprom
- 3 žlice masla
- 3 žlice olivnega olja
- ½ skodelice suhega belega vina
- 1 žlica limoninega soka
- ½ skodelice smetane za stepanje
- ½ čajne žličke posušenega timijana
- 2 žlici mletega svežega peteršilja
- 1 limona, narezana (okras)
- 1 žlica kaper, opranih in odcejenih (okras)

NAVODILA:
a) V veliki ponvi segrejte po 1½ žlici masla in olja. Dodajte koščke piščanca, kot se prilega brez gneče. Kuhaj
b) V ponev dodajte vino in limonin sok ter dušite na zmerno močnem ognju in mešajte, da se premešajo porjaveli delci. Zavremo, zmanjšamo na približno polovico
c) Dodajte smetano za stepanje, timijan in peteršilj; kuhamo, dokler se omaka nekoliko ne zgosti. Morebiten mesni sok iz segretega krožnika vlijemo v omako.
d) Prilagodite omako za začimbe po okusu. Prelijemo čez meso in okrasimo s peteršiljem, rezinami limone in kaprami

51.Piščančja madeira na piškotih

SESTAVINE:
- 1½ funta piščančjih prsi
- 1 žlica jedilnega olja
- 2 stroka česna, nasekljana
- 4½ skodelice na četrtine narezanih svežih gob
- ½ skodelice sesekljane čebule
- 1 skodelica kisla smetana
- 2 žlici večnamenske moke
- 1 skodelica posnetega mleka
- ½ skodelice piščančje juhe
- 2 žlici madeire ali suhega šerija

NAVODILA:
a) Piščanca kuhajte na vročem olju na srednje močnem ognju 4-5 minut ali dokler ni več rožnat. V ponev dodajte česen, gobe in čebulo. Kuhajte brez pokrova 4-5 minut ali dokler tekočina ne izhlapi.
b) V skledi zmešamo kislo smetano, moko, ½ žličke soli in ¼ žličke popra. V ponev dodajte mešanico kisle smetane, mleko in juho. Dodajte piščanca in madeiro ali šeri; toplote skozi.
c) Postrezite čez zeliščne piškote.
d) Po želji potresemo s tanko narezano zeleno čebulo

52. Piščančja juha z zelišči

SESTAVINE:
- 1 skodelica posušenega fižola cannellini
- 1 čajna žlička Olivno olje
- 2 por, narezan -- opran
- 2 korenčka -- olupljena in narezana na kocke
- 10 mililitrov česna -- drobno sesekljan
- 6 Plum paradižnikov -- brez semen in
- 6 mladih krompirjev
- 8 skodelic domače piščančje juhe
- ¾ skodelice suhe bele vinke
- 1 vejica svežega timijana
- 1 vejica svežega rožmarina
- 1 lovorjev list

NAVODILA:
a) Fižol oplaknite in preberite, pokrijte z vodo in pustite, da se namaka 8 ur ali čez noč. V velikem loncu segrejte olje na srednje nizkem ognju. Dodamo por, korenje in česen; kuhamo, dokler se ne zmehča, približno 5 minut. Vmešajte paradižnik in kuhajte 5 minut. Dodamo krompir in kuhamo 5 minut.
b) Dodajte piščančjo juho, vino in zelišča; zavrite. Fižol odcedimo in dodamo v lonec; kuhamo 2 uri ali dokler se fižol ne zmehča.
c) Pred serviranjem odstranite lovorjev list in vejice zelišč.

53. Piščanec z vinom in zelišči

SESTAVINE:
- Cvrtje piščanca
- ½ čajne žličke origana
- ½ čajne žličke bazilike
- 1 skodelica suhega belega vina
- ½ čajne žličke česnove soli
- ½ čajne žličke soli
- ¼ čajne žličke popra

NAVODILA:
a) Piščanca operemo in narežemo. Na majhni količini olja zapecite kose piščanca z vseh strani. Odlijte odvečno olje.
b) Dodajte vino in začimbe ter kuhajte 30 do 40 minut ali dokler se piščanec ne zmehča.

54. Solata iz čičerike in zelišč

SESTAVINE:
- 1 pločevinka Čičerika (16 oz.)
- 1 srednja Kumare, olupljene
- 1 velik paradižnik
- 1 rdeča paprika, brez semen in narezana na kocke
- 2 sesekljani plešeti
- 1 avokado
- ⅓ skodelice olivnega olja
- 1 limona
- ¼ čajne žličke soli
- ⅛ čajne žličke belega popra
- 8 listov sveže bazilike, sesekljanih
- ⅓ skodelice kopra, svežega

NAVODILA:
a) Čičeriko odcedimo in dobro speremo. Kumare narežemo na tanke rezine, ki jih nato razpolovimo. Paradižnik narežemo na kolesca, nato pa jih razpolovimo.
b) V skledo damo kumare in koščke paradižnika ter rdečo papriko in mlado čebulo. Dati na stran. Narežite avokado. Dajte v večjo skledo, dodajte olje in sok polovice limone.
c) Dodajte sol, poper in baziliko. Premešamo z vilicami (avokado bo smetana).
d) Dodajte zelenjavo in koper mešanici avokada. Nežno premešajte. Dodamo čičeriko, premešamo.
e) Okusite in po potrebi dodajte več limone, soli in popra. Postrezite. Lahko se pripravi vnaprej in ohladi.

55. Sveža zelišča in parmezan

SESTAVINE:
- 5 skodelic piščančje ali zelenjavne juhe
- 3 žlice olivnega olja
- ½ velike čebule; sesekljan
- 1½ skodelice riža Arborio
- ½ skodelice suhega belega vina
- ¾ skodelice parmezana; nariban
- 1 skodelica mešanice svežih zelišč
- ½ skodelice pečene rdeče paprike; sesekljan
- Sol in poper; okusiti

NAVODILA:
a) V majhni kozici na močnem ognju zavrite juho. Zmanjšajte ogenj na nizko in pustite, da je tekočina vroča.
b) Prepražimo čebulo, dodamo riž in mešamo, dokler se na sredini zrn ne pojavi bela lisa, približno 1 minuto.
c) Dodamo vino in mešamo, dokler se ne vpije . Med mešanjem počasi dodajajte osnovo .
d) Dodajte ¾ skodelice parmezana, zelišča, pečeno papriko ter sol in poper po okusu. Mešajte, da se premeša.

56.Regratova solata

SESTAVINE:
- 4 skodelice svežega regratovega zelenja
- 1 skodelica češnjevih paradižnikov, prepolovljena
- 1/2 skodelice feta sira, zdrobljenega
- 1/4 skodelice balzamičnega vinaigreta
- Sol in poper po okusu

NAVODILA:
a) Zelenje regrata operemo in osušimo.
b) Zmešajte zelenje regrata, češnjeve paradižnike in feta sir.
c) Prelijemo z balzamičnim vinaigretom. Začinimo s soljo in poprom.

57. Zeliščni zelenjavni konfeti

SESTAVINE:
- 3 srednje korenje; olupljen
- 1 srednja bučka; konci obrezani
- 1 čajna žlička olivnega olja
- ⅛ čajne žličke mletega muškatnega oreščka
- ⅛ čajne žličke timijana

NAVODILA:
a) Korenje in bučko naribajte na grobo stran strgala.
b) V srednje veliki ponvi segrejte olje na srednje močnem ognju.
c) Vmešajte zelenjavo, muškatni oreščček in timijan.
d) Med občasnim mešanjem kuhajte 3 do 4 minute, dokler zelenjava ne oveni.

58.Pražen zeliščni ječmen

SESTAVINE:
- 1 velika čebula
- ½ palčke masla
- ½ funta svežih gob, narezanih
- 1 skodelica bisernega ječmena
- 1 čajna žlička soli
- 3 skodelice zelenjavne juhe
- 1 čajna žlička timijana
- ½ čajne žličke majarona
- ½ čajne žličke rožmarina
- ¼ čajne žličke žajblja
- ½ čajne žličke poletne slanice

NAVODILA:
a) Čebulo drobno sesekljajte. V veliki ponvi, primerni za pečico, kuhajte čebulo na maslu približno 5 minut, dokler ne postekleni. Dodamo gobe in kuhamo še 3 minute. Vmešajte vse druge sestavine razen jušne osnove, pred dodajanjem zdrobite zelišča.
b) Pražite na zmerno močnem ognju in mešajte nekaj minut, da se ječmen prekrije
c) V ločeni ponvi segrejte juho in vročo juho dodajte ječmenovi mešanici.
d) Pekač pokrijte s folijo in pecite približno eno uro v predhodno ogreti pečici na 350 stopinj (F.).

SLADICA

59. Servicejagodičja tart z ovseno skorjo

SESTAVINE:
- 2 ½ skodelice jagodičja
- 3 žlice jagodičevja
- ¼ skodelice vode
- 1 ¾ skodelice ovsenih kosmičev
- ¼ skodelice mandljeve moke (ali večnamenske moke, če ne vsebuje oreščkov)
- 4 žlice masla ali kokosovega olja
- ½ žličke soli
- 1 žlica masla iz oreščkov (ali dodatno maslo/kokosovo olje, če je brez oreščkov)
- 2 žlici mandljevega ali kokosovega mleka
- 1 žlička limonine lupinice

NAVODILA:
a) Pečico segrejte na 350. Naoljite pekač za tart in ga postavite na stran.
b) Če želite narediti skorjo, oves zmečkajte v kuhinjskem robotu, dokler ne postane zrnat. Dodamo mandljevo moko, sol, maslo, vendar maslo, in ½ žličke limonine lupinice. Mešajte, dokler ne postane drobtina, nato dodajte mandljevo mleko in stepajte, dokler testo ni rahlo lepljivo.
c) Ovseno skorjo vtisnite v naoljen pekač za tart. Ovseno skorjo na slepo pečemo 7 minut.
d) V srednje veliki ponvi zmešajte 1 ½ skodelice jagodičja, marmelado in vodo. Zavremo, nato pa znižamo vrelišče in mešamo vsaki 2 minuti. Ugasnite ogenj, ko se sadje zmanjša in zgosti, da spominja na sirup. Če vam tekstura semen ni všeč, mešanico precedite čez sito z drobnimi odprtinami.
e) Preostalo 1 skodelico jagodičja potresemo po ovseni skorji. Jagode prelijemo z jagodičevjem in mešanico poravnamo z gumijasto lopatko.
f) Torto pecite približno 30 minut, dokler se jagode ne skrčijo.

60. Začinjena kakijeva torta

SESTAVINE:
- 2 mehka, zrela kakija
- ¼ skodelice javorjevega sirupa
- 2 skodelici sladkorja
- 1 pločevinka kokosovega mleka
- ½ skodelice rastlinskega olja
- 1 ½ skodelice večnamenske moke
- 1 ½ skodelice pirine moke
- 1 žlička cimeta
- 1 žlička ingverja
- 1 žlička muškatnega oreščka
- ¼ žličke mletih nageljnovih žbic

NAVODILA:
a) Pečico segrejte na 350 stopinj. Pekač za torte ali pekač naoljite in postavite na stran.
b) Izdolbite meso kakijev in ga položite v veliko skledo. Dodajte javorjev sirup, sladkor, kokosovo mleko in rastlinsko olje. Sestavine stepajte, dokler se ne združijo.
c) V drugi veliki skledi zmešajte vse suhe sestavine in mešajte, dokler niso vključene.
d) Počasi prelijte mokro v suho skledo. Mešajte z gumijasto lopatico, dokler se ravno ne združi, pazite, da ne premešate!
e) Zmes vlijemo v pripravljen pekač in postavimo v pečico, da se zapeče.
f) minut. Torta je pečena, ko zobotrebec, zaboden v sredino, izstopi čist.

61. Čokoladno lešnikova torta brez moke

SESTAVINE:
- 1 skodelica lešnikov
- ¼ skodelice kakava v prahu
- ½ skodelice grenke čokolade
- Ščepec soli
- 4 velika jajca, ločite beljake od rumenjakov
- 4 žlice masla ali kokosovega olja
- ½ skodelice sladkorja
- 1 žlička vanilijevega ekstrakta

NAVODILA:
a) Pečico segrejte na 275 stopinj. Pekač obložimo s peki papirjem, natresemo lešnike in pražimo približno 10 minut.
b) Medtem pripravite pekač za torto/bunt
c) popršite 9-palčni vzmetni pekač s pršilom za kuhanje in na dno pekača položite pergamentni papir.
d) Ko so oreščki ohlajeni, jih zmešajte v kuhinjskem robotu, dokler ne nastane groba lešnikova moka.
e) Povečajte temperaturo pečice na 350 stopinj.
f) V veliki skledi stepamo rumenjake, sladkor in vanilijo, da postanejo gladka in dobro združena. Vmešamo lešnikovo moko in sol.
g) V drugi veliki skledi stepite beljake, dokler ne nastane čvrst sneg.
h) Na štedilniku ali v mikrovalovni pečici v kratkih korakih stopite čokolado in maslo. Pustimo, da se nekoliko ohladi, nato zmes vlijemo v skledo z lešnikovo moko, rumenjaki in sladkorjem. Mešajte, da se združi.
i) Beljake vmešamo v čokoladni sneg in mešamo toliko časa, da se združijo. Testo strgajte v pripravljen vzmetni model.
j) Kolač pečemo v pečici približno 40 minut.

62.Bezgova panna cotta z jagodami

SESTAVINE:
- 500 ml dvojne smetane
- 450 ml polnomastnega mleka
- 10 velikih bezgovih cvetov, nabranih cvetov
- 1 vanilijev strok, semena postrgana
- 5 lističev želatine
- 85 g zlatega sladkorja

ZA DRUŠTNIK
- 75 g masla, plus dodatek za mazanje
- 75 g navadne moke
- 50 g zlatega sladkorja
- 25 g mletih mandljev

SLUŽITI
- 250 g polnih jagod z obrezanimi vrhovi
- 1 žlica zlatega sladkorja
- nekaj nabranih bezgovih cvetov, za okras

NAVODILA:

a) Smetano, mleko, cvetove, vanilijev strok in semena damo v ponev na blag ogenj. Takoj, ko začne tekočina vreti, jo odstavimo z ognja in pustimo, da se popolnoma ohladi.

b) Medtem za drobljenec stresite maslo v majhno ponev in ga rahlo segrevajte, dokler ne postane globoko rjavo in zadiši po oreščkih. Prelijemo v skledo in pustimo, da se ohladi na sobni temperaturi, dokler se ne strdi.

c) Ko se krema ohladi, rahlo namastite notranjost šestih 150-mililitrskih modelčkov za dariole. Liste želatine namočimo v hladni vodi za 10 minut. Ohlajeno kremno mešanico pretlačimo skozi cedilo v čisto ponev, pri čemer zavržemo bezgove cvetove in vanilijev strok. Dodajte sladkor in mešajte, da se raztopi. Postavite na majhen ogenj in ponovno zavrite, nato pa prelijte v velik vrč. Iz želatine iztisnemo odvečno tekočino in jo vmešamo v vročo smetano, dokler se ne stopi. Mešamo toliko časa, da se zmes ohladi in rahlo zgosti, da vsa semena vanilije ne potonijo na dno. Vlijemo v modele in pustimo na hladnem vsaj 4 ure. dokler ni nastavljeno.

d) Pečico segrejte na 180C/160C ventilator/plin 4. Prežgano maslo vtrite v moko, nato vmešajte sladkor in mandlje. Razporedite po pekaču, obloženem s peki papirjem. Pecite 25-30 minut do zlate barve in nekajkrat premešajte. Pustite, da se ohladi.

e) Narežite jagode, nato jih zmešajte s sladkorjem in 1 žličko vode. Odstavimo za maceracijo 20 minut.

f) Panna cotte zvrnite na krožnike in jih prelijte z jagodami in njihovim sokom. Čez potresemo nekaj drobljenca, vse dodatne postrežemo v skledi ob strani, nato pa okrasimo z nekaj bezgovimi cvetovi.

63. Bezgov kosmič

SESTAVINE:
- 1 skodelica težke smetane
- 1 skodelica polnomastnega mleka
- ½ skodelice sladkorja
- 4 jajca
- 1 čajna žlička bezgovih cvetov
- Sveži bezgovi cvetovi (neobvezno)

NAVODILA
a) Pečico segrejte na 350°F (175°C).
b) V srednji ponvi segrevajte smetano, mleko in sladkor na srednjem ognju, dokler se sladkor ne raztopi.
c) V ločeni skledi z metlico stepemo jajca in bezgov srček.
d) Smetanovo zmes med nenehnim mešanjem počasi vlivamo v jajčno zmes.
e) Mešanico precedite skozi sito z drobno mrežico.
f) Zmes vlijemo v 9-palčni (23 cm) pekač.
g) Pekač postavimo v večji pekač ali pekač in večji pekač nalijemo s toliko vroče vode, da pride do polovice sten manjšega pekača.
h) Pecite 45-50 minut ali dokler se robovi ne strdijo, sredina pa se še vedno rahlo premika.
i) Odstranite iz pečice in pustite, da se ohladi na sobno temperaturo.
j) Pred serviranjem hladite v hladilniku vsaj 2 uri.
k) Po želji okrasimo s svežimi bezgovimi cvetovi.

64. Torta iz jagodičja in kopriv

SESTAVINE:
- 2 skodelici mešanega hranjenega jagodičevja (robide, maline, borovnice)
- 1 skodelica drobno narezanih listov koprive (pri rokovanju nosite rokavice)
- 2 skodelici večnamenske moke
- 1 1/2 žličke pecilnega praška
- 1/2 čajne žličke sode bikarbone
- 1/2 čajne žličke soli
- 1 skodelica nesoljenega masla, zmehčanega
- 1 1/2 skodelice granuliranega sladkorja
- 3 velika jajca
- 1 čajna žlička vanilijevega ekstrakta
- 1 skodelica pinjenca

NAVODILA:
a) Pečico segrejte na 350°F (175°C). Pekač namastimo in pomokamo.
b) V skledi zmešajte moko, pecilni prašek, sodo bikarbono in sol.
c) V drugi skledi stepamo maslo in sladkor, dokler ne postanejo rahli in puhasti.
d) Eno za drugim dodajte jajca in po vsakem dodajanju dobro stepite. Vmešajte vanilijev ekstrakt.
e) Postopoma dodajte suhe sestavine k mokrim sestavinam, izmenično s pinjencem. Začnite in končajte s suhimi sestavinami.
f) Narahlo premešajte jagode in sesekljane liste koprive.
g) Testo vlijemo v pripravljen pekač za torte in po vrhu zgladimo.
h) Pecite 40-45 minut ali dokler zobotrebec, ki ga zapičite v sredino, ne izstopi čist.
i) Pustite, da se torta ohlaja v pekaču 10 minut, nato pa jo prestavite na rešetko, da se popolnoma ohladi.
j) Po želji potresite s sladkorjem v prahu ali potresite s preprosto glazuro iz kremnega sira.

65.Sladoled iz bezgovih cvetov

SESTAVINE:
- 1 ½ skodelice polnomastnega mleka
- 2 skodelici težke smetane
- ½ skodelice kisle smetane
- 4 veliki rumenjaki
- ½ skodelice medu
- 4-5 bezgovega likerja
- ½ čajne žličke vanilijevega ekstrakta
- ščepec soli

NAVODILA:
a) Rumenjake stepemo in odstavimo.
b) V ponvi z debelim dnom zmešajte mleko, smetano, kislo smetano, sol in med.
c) V mešanico odrežite posamezne cvetove, pri čemer zavrzite čim več materiala stebla. Med pogostim mešanjem segrevajte na srednje močnem ognju, dokler ni vroče. NE KUHAJTE.
d) Ko se mešanica mleka/smetane segreje, jo z zajemalko močno vmešamo v rumenjake. Jajčno mešanico počasi vlijte v mešanico mleka/smetane in ponovno močno mešajte.
e) Vrnite ponev na srednji ogenj in nadaljujte s kuhanjem, dokler se ne zgosti in ne prekrije hrbtne strani žlice, ob stalnem mešanju. Odstranite z ognja. Vmešajte vanilijev ekstrakt.
f) Mešanico prelijte skozi fino sito v posodo ali skledo, da se ohladi. Ostanke bezgovih cvetov zavrzite.
g) Ko je vaša mešanica smetane popolnoma ohlajena, sledite navodilom vašega aparata za pripravo sladoleda za stepanje. Druga možnost je, če nimate aparata za pripravo sladoleda, zmes vlijete v pekač z robom in ohladite v zamrzovalniku, tako da zmes vsake pol ure strgate z vilicami, da postane čvrsta, a rahla.

66. Bezgov sorbet

SESTAVINE:
- 2 skodelici vode
- 1 skodelica sladkorja
- ¼ skodelice bezgovih cvetov
- 2 žlici limoninega soka

NAVODILA
a) V ponvi zmešajte vodo in sladkor. Na zmernem ognju segrevamo toliko časa, da se sladkor povsem raztopi.
b) Odstavite z ognja in vmešajte bezgov srček in limonin sok.
c) Pustite, da se mešanica ohladi na sobno temperaturo.
d) Zmes vlijemo v aparat za sladoled in stepamo po navodilih proizvajalca.
e) Ko je sorbet stepten, ga prenesite v posodo s pokrovom in ga zamrznite za nekaj ur, da se strdi.
f) Bezgov sorbet postrezite v ohlajenih skledah ali kozarcih za nežno in cvetlično sladico.

67. Sladoled iz bezgovih cvetov in robid

SESTAVINE:
- 225 g/8 oz robidnic 1 žlica sladkorja
- 284 ml kartonske dvojne smetane, ohlajeno
- 8 žlic bezgovih cvetov srčike
- 142 ml kartonske smetane za stepanje, ohlajene

NAVODILA:
a) Robide dajte v manjšo ponev in dodajte sladkor. Med občasnim mešanjem rahlo segrevamo, dokler iz sadja ne steče sok in mešanica zavre.
b) Porahlo dušite 2–3 minute, dokler se robide zelo ne zmehčajo. (Druga možnost je, da daste robide in sladkor v primerno skledo in segrevate v mikrovalovni pečici na visoki temperaturi 2–3 minute ali dokler sadje ni zelo mehko.)
c) Mešanico robid pretlačimo skozi cedilo in odstranimo semena. Pustite, da se pire ohladi, nato ga pokrijte in postavite v hladilnik za približno 30 minut ali dokler se dobro ne ohladi.
d) Medtem prelijemo dvojno smetano v vrč, dodamo bezgov srček in mešamo do gladkega. Pokrijte in ohladite 20–30 minut.
e) Robidov pire vmešamo v mešanico bezgovih cvetov do gladkega. Smetano za stepanje stresite v skledo in stepajte, dokler ne nastanejo mehki vrhovi.
f) Stepeno smetano nežno vmešajte v mešanico robid.
g) Mešanico dajte v aparat za sladoled in zamrznite po navodilih.
h) Prenesite v primerno posodo in zamrznite, dokler ni potrebno.

68. Mousse iz bezgovih cvetov

SESTAVINE:

- 250 gramov sira Mascarpone
- 200 gramov kupljene kreme
- 125 mililitrov bezgovih cvetov srčike
- 200 mililitrov rahlo stepene dvojne smetane

NAVODILA:

a) Začnite tako, da mascarpone sir rahlo stepete, da se zmehča v skledi mešalnika.
b) Mascarpone siru dodajte kupljeno kremo in mešajte, dokler zmes ni gladka in dobro združena.
c) Začnite s 125 mililitri bezga. Količino lahko prilagodite svojemu okusu, dodajte več, če želite močnejši okus bezga. Bodite previdni, da na tej stopnji ne pretepate; zaželeno je nežno prepogibanje, da preprečite premešanje. Želite ohraniti lahko in zračno teksturo, ne pa mešanice spremeniti v bezgovo srčno maslo.
d) V ločeni skledi rahlo stepemo dvojno smetano, dokler ne nastane mehak vrh.
e) Stepeno smetano nežno vmešajte v mešanico maskarponeja in bezgovih cvetov, dokler se vse popolnoma ne premeša. Ponovno pazite, da ne premešate preveč, saj želite ohraniti zračno teksturo pene.
f) Okusite mousse in po želji dodajte več bezgovih cvetov, tako da prilagodite želeno raven okusa bezgovih cvetov.
g) Ko se zmes dobro poveže in ste z okusom zadovoljni, mousse pred serviranjem vsaj za pol ure ohladite v hladilniku.
h) Ko ste pripravljeni za serviranje, lahko mousse okrasite s svežimi bezgovimi cvetovi ali kančkom dodatnih bezgovih cvetov za čudovito predstavitev.
i) Uživajte v domači bezgovi peni kot lahki in elegantni sladici, popolni za vsako priložnost.

69. Drobljenec rabarbare gozdne jagode

SESTAVINE:
- 2 skodelici narezanih jagod
- 2 stebla rabarbare
- 2 žlici jagodne marmelade
- 2 žlici javorjevega sirupa
- 1 žlica limoninega soka
- 1 žlica škroba tapioke ali koruznega škroba
- 2 skodelici ovsenih kosmičev
- ¼ skodelice mandljev
- ¼ skodelice rjavega sladkorja
- ¼ skodelice (pol palčke) masla ali kokosovega olja
- Ščepec soli

NAVODILA:
a) Pečico segrejte na 375 stopinj.
b) V srednje veliki skledi zmešajte jagode in na kocke narezano rabarbaro. Zmešajte
c) marmelado, javorjev sirup, limonin sok in tapiokin škrob.
d) V kuhinjskem robotu zmečkajte oves in mandlje, dokler ne postanejo drobtine. Dodajte rjavi sladkor, maslo in sol. Mešajte, dokler kosmiči niso rahlo lepljivi in se povežejo.
e) Polovico ovsenih drobtin pritisnite na dno posode za torto ali enolončnico. Na vrh prelijemo jagodno-rabarbarino mešanico, nato pa po plasteh potresemo preostanek ovsenih drobtin.
f) Pekač pokrijemo z aluminijasto folijo in pečemo 30 minut. Po 30 minutah crumble pečemo nepokritega še 20-30 minut, da zgornja plast hrustljavo zapeče.
g) Postrezite takoj s kepico sladoleda iz vanilijevega stroka!

70.Plaža ŠljivaSorbet

SESTAVINE:
- 400 g Beach Slive
- 1 žlička vanilijevega ekstrakta
- 1 žlička cimeta
- ¼ skodelice vode
- ¼ skodelice sladkorja

NAVODILA:
a) Pečico segrejte na 375 stopinj. Pekač obložite z aluminijasto folijo.
b) Slive prerežemo na pol in jim odstranimo pečke. Po slivah potresemo ekstrakt vanilije in cimet ter mešamo, dokler slive niso enakomerno prekrite. Slive pražimo toliko časa, da lupina karamelizira, približno pol ure. Vzamemo iz pečice in ohladimo.
c) Slive zmiksajte v hitrem mešalniku ali kuhinjskem robotu. Če uporabljate kuhinjski robot, nastalo mešanico precedite skozi cedilo in zavrzite pulpo za gladek sorbet.
d) V majhni ponvi na srednje nizkem ognju približno 2 minuti raztopite sladkor v vodi. Pustimo, da se ohladi, nato prelijemo čez slivovo zmes.
e) Slivovo zmes vlijemo v skledo in pokrijemo. Postavite v zamrzovalnik in pustite, da se ohladi. Po 1 uri vzamemo iz zamrzovalnika, mešanico stepamo, da razbijemo ledene kristalčke, in postavimo nazaj v zamrzovalnik še za pol ure. To ponavljajte, dokler sorbet ni zamrznjen.
f) Ko je sorbet popolnoma zamrznjen, ga razdrobite v koščke ledu in zmešajte v mešalniku z visoko hitrostjo, dokler ni gladka. Slivov sorbet damo v posodo s pokrovom in zamrznemo, da se strdi.
g) Pred uživanjem pustite slivov sorbet počivati na sobni temperaturi 5 minut, da uživate v gladki, osvežilni poslastici.

71. Limonin zeliščni sladoled

SESTAVINE:
- 1½ skodelice smetane za stepanje
- 1½ skodelice mleka
- ⅔ skodelice sladkorja
- 3 rumenjaki
- ½ čajne žličke ekstrakta vanilije
- ½ limone lupina in limonin sok
- ¼ skodelice listov limonske verbene
- ¼ skodelice listov melise

NAVODILA:
a) Mešajte in segrevajte smetano, mleko in sladkor, dokler se sladkor ne raztopi.
b) V manjši skledi narahlo stepemo rumenjake. V skledo vlijemo 1 skodelico mešanice vroče smetane. Neprestano mešajte z leseno kuhalnico. Vmešajte vanilijo. V vročo sladoledno osnovo vmešamo limonino lupinico, limonin sok in trda limonina zelišča.
c) Zmes vlijemo v aparat za sladoled in zamrznemo po navodilih proizvajalca.

72. Zeliščni limonini piškoti

SESTAVINE:
- 1 skodelica masla
- 2 skodelici sladkorja; razdeljen
- 2 jajci
- 1 čajna žlička ekstrakta vanilije
- 2½ skodelice moke
- 2 žlički pecilnega praška
- ¼ čajne žličke soli
- ⅓ skodelice posušenih zelišč limone
- ⅓ skodelice skupaj: zelišča

NAVODILA:
a) Kremno maslo in 1¾ skodelice sladkorja
b) Dodajte jajca in vanilijo; dobro pretlačite.
c) Zmešajte moko, pecilni prašek, sol in zelišča. Dodajte kremni mešanici; mešati.
d) Testo spuščajte po polnih čajnih žličkah, 3" narazen, na pomaščen pekač za piškote.
e) Pečemo pri 350 F. 8 do 10 minut ali dokler komaj ne porjavi. Nekoliko ohladite, nato odstranite na rešetko.

ZAČIMBE

73. Kis iz aronije

SESTAVINE:
- ½ skodelice aronije
- 1 ½ skodelice jabolčnega kisa
- 1 žlica sladkorja

NAVODILA:
a) Vse sestavine zmešajte v zidanem kozarcu in premešajte.
b) Tesno pokrijte in hranite v hladilniku najmanj 1 teden.

74. Ameriški slivov kečap

SESTAVINE:
- 4 skodelice ameriških sliv
- ¼ skodelice narezane rdeče čebule
- ½ žlice sveže naribanega ingverja
- ¼ skodelice jabolčnega kisa
- ¼ žličke muškatnega oreščka
- ¼ žličke nageljnovih žbic
- ¼ žličke cimeta
- ¼ žličke kajenskega
- 1 žlica melase
- 2 žlici javorjevega sirupa
- 1 žlica repičnega olja

NAVODILA:
a) Cele slive položite v srednji lonec z ¼ skodelice vode. Lonec pokrijemo in na zmernem ognju kuhamo slive približno 20 minut, dokler se slive ne skrčijo, da ostanejo le še njihov sok, lupina in koščica. Med kuhanjem lonec vsakih nekaj minut pretresite, da se slive ne sprimejo in ne ožgejo.

b) Ko je ohlajeno, postavite cedilo nad sklede in na cedilo prelijte slivovo mešanico, da iz lupine in koščic odcedite slivov sok. Dati na stran.

c) V srednje veliki ponvi pražite na rezine narezano rdečo čebulo in ingver na repičnem olju, dokler čebula ne postekleni. Vmešajte muškatni oreščke, nageljnove žbice, cimet in kajenski list. Nadaljujte z mešanjem približno 20 sekund, dokler začimbe ne postanejo aromatične.

d) Vlijemo mešanico precejenega slivovega soka, melase in javorjevega sirupa. Večkrat premešamo, da se združi in pustimo vreti približno 5 minut, dokler se ne zgosti.

e) Pustite, da se mešanica 10 minut ohladi z ognja, nato pa jo prelijte v mešalnik z visoko hitrostjo in mešajte pri visoki hitrosti 1 minuto. Če nimate visokohitrostnega mešalnika, lahko uporabite potopni mešalnik, vendar kečap ne bo tako gladek.

f) Prilagodite začimbe po svojih željah in nato kečap prelijte v zidan kozarec za shranjevanje. Hraniti v hladilniku.

75. Kostanjeva javorjeva omaka

SESTAVINE:
- 1/2 skodelice kostanja
- 2 žlici javorjevega sirupa
- 1 žlica jabolčnega kisa
- ½ skodelice rdečega vina
- 1,5 skodelice zelenjavne osnove

NAVODILA:
a) Najprej spečemo kostanj. Pečico segrejte na 425 °F
b) Zarežite kostanj tako, da na lupini naredite obliko x. Prepričajte se, da ste preluknjali matico spodaj približno do tretjine.
c) Pečemo v pečici približno 20 minut. Pustite, da se ohladi, nato olupite lupino.
d) V srednje veliki kozici segrejte rdeče vino in kostanj. Pustimo vreti, dokler se vino ne zmanjša za polovico.
e) Združite preostale sestavine v ponvi. Zavremo, nato pa zmanjšamo vrelišče. Vsaki 2 minuti premešajte z gumijasto lopatico.
f) Ko se omaka zgosti tako, da prekrije zadnji del gumijaste lopatice, jo odstavite z ognja in pustite, da se ohladi 10 minut.
g) Nalijte v zidan kozarec, da ga shranite do uporabe.

76. Zeliščni žele

SESTAVINE:
- 1½ skodelice listov zelišč, svežih
- 3½ skodelice sladkorja
- 1 kapljica jedilnega barvila , zelena
- 2¼ skodelice; Voda, hladna
- 2 žlici limoninega soka
- Pektin, tekoči; torbica + 2 t.

NAVODILA:
a) V ponvi zmešajte zelišča in vodo; zavrite do konca, pokrijte in odstavite z ognja, da se strmi 15 minut. Prelijte v vrečko z želejem in pustite, da kaplja eno uro. Imeti morate 1-¾ skodelice poparka.
b) Zmešajte poparek, limonin sok, sladkor in jedilno barvilo ter kuhajte na močnem ognju, dokler popolnoma ne zavre. Dodajte tekoči pektin in ob stalnem mešanju ponovno zavrite.
c) Odstranite z ognja, spenite in prelijte v sterilizirane kozarce za žele, pri čemer pustite ¼" prostora za glavo . Postopek kot pri sadnih želejih

77.Hucklejagodičja Jam

SESTAVINE:
- 2 skodelici hucklejagodičja
- ½ skodelice javorjevega sirupa ali medu
- 2 žlici limoninega soka

NAVODILA:
a) Sestavine združite v majhni ponvi in premešajte.
b) Ob pogostem mešanju zavremo, nato zmanjšamo vreti in kuhamo, dokler se ne zgosti.
c) Nalijte v zidan kozarec, dokler ni pripravljen za uporabo.

78. Mešani zeliščni kis

SESTAVINE:

- 1-pinta Rdeči vinski kis
- 1 kos jabolčnega kisa
- 2 olupljena, prepolovljena stroka česna
- 1 veja pehtrana
- 1 vejica timijana
- 2 vejici svežega origana
- 1 majhno steblo sladke bazilike
- 6 zrn črnega popra

NAVODILA:

a) V litrsko posodo nalijte rdeče vino in jabolčni kis.
b) Dodamo česen, zelišča, poper v zrnu in pokrov. Pustite stati tri tedne na hladnem, stran od sonca. Občasno pretresite.
c) Nalijte v steklenice in zamašite z zamaškom.

79.Pesto iz mešanih zelišč

SESTAVINE:
- 1 skodelica Pakiran svež ploščati peteršilj
- ½ skodelice pakiranih svežih listov bazilike;
- 1 žlica svežih listov timijana
- 1 žlica svežih listov rožmarina
- 1 žlica svežih listov pehtrana
- ½ skodelice sveže naribanega parmezana
- ⅓ skodelice olivnega olja
- ¼ skodelice orehov; zlato popečen
- 1 žlica balzamičnega kisa

NAVODILA:
a) V kuhinjskem robotu zmešajte vse sestavine s soljo in poprom po okusu do gladkega. (Pesto obdrži, površina prekrita s plastično folijo, ohlajena, 1 teden.)

80.Marinada z gorčičnimi zelišči

SESTAVINE:
- ½ skodelice dijonske gorčice
- 2 žlici suhe gorčice
- 2 žlici rastlinskega olja
- ¼ skodelice suhega belega vina
- 2 žlici posušenega pehtrana
- 2 žlici posušenega timijana
- 2 žlici posušenega žajblja, zdrobljenega

NAVODILA:
a) Vse sestavine zmešajte v skledi. Pustite stati 1 uro. Dodajte piščanca ali ribe in dobro premažite. Pustite stati v marinadi. Posušite s papirnatimi brisačami
b) S preostalo marinado premažite ribe ali piščanca, tik preden jih odstranite z žara.

81. Pesto iz kislice in drobnjaka

SESTAVINE:

- 1 skodelica kislice
- 4 žlice šalotke; drobno mleto
- 4 žlice pinjol; tla
- 3 žlice peteršilja; sesekljan
- 3 žlice drobnjaka; sesekljan
- Naribana lupina 4 pomaranč
- ¼ čebula, rdeča; sesekljan
- 1 žlica suhe gorčice
- 1 čajna žlička soli
- 1 čajna žlička črnega popra
- 1 ščepec popra, kajenskega
- ¾ skodelice olja. olivno

NAVODILA:

a) V kuhinjskem robotu ali mešalniku zmešajte kislico, šalotko, pinjole, peteršilj, drobnjak, pomarančno lupino in čebulo.

b) Dodamo suho gorčico, sol, poper in kajenski preliv ter ponovno premešamo. Med premikanjem rezila POČASI pokapljajte olje.

c) Preložite v kozarce iz kaljenega stekla .

82.Jam iz gozdnih jagod

SESTAVINE:
- 2 skodelici mešanega gozdnega jagodičevja (robide, maline, borovnice)
- 1 skodelica granuliranega sladkorja
- 1 žlica limoninega soka

NAVODILA:
a) V ponvi zmešajte jagode, sladkor in limonin sok.
b) Kuhajte na srednjem ognju in pogosto mešajte, dokler jagode ne razpadejo in se zmes zgosti (približno 15-20 minut).
c) Jagode pretlačite z vilicami do želene gostote.
d) Pustite, da se ohladi, nato pa prenesite v kozarec. Ohladite in uporabite kot namaz.

83. Kis, prepojen s krmnimi zelišči

SESTAVINE:
- 2 skodelici nabranih zelišč (rožmarin, timijan, origano)
- 2 skodelici belega vinskega kisa

NAVODILA:
a) Zelišča temeljito operemo in osušimo.
b) Zelišča dajte v čist, steriliziran steklen kozarec.
c) Kis segrejemo, da zavre in z njim prelijemo zelišča.
d) Kozarec zapremo in pustimo stati vsaj dva tedna.
e) Precedite kis, prelijte v steklenico in uporabite kot aromatični kis za prelive ali marinade.

84. Divji česen Aioli

SESTAVINE:
- 1 skodelica listov divjega česna, drobno sesekljanih
- 1 skodelica majoneze
- 1 žlica limoninega soka
- Sol in poper po okusu

NAVODILA:
a) V skledi zmešamo sesekljan divji česen, majonezo in limonin sok.
b) Začinimo s soljo in poprom po okusu.
c) Pred serviranjem hladite vsaj 30 minut.
d) Uporabite kot aromatično pomako ali namaz.

85.Sirup iz borovih iglic

SESTAVINE:
- 2 skodelici svežih opranih borovih iglic
- 2 skodelici vode
- 2 skodelici sladkorja

NAVODILA:
a) V ponvi zmešajte borove iglice in vodo. Zavremo, nato pa pustimo vreti 20 minut.
b) Precedite tekočino in jo vrnite v ponev.
c) Dodamo sladkor in dušimo, dokler se ne zgosti v sirup (približno 15-20 minut).
d) Pustite, da se ohladi, preden ga prestavite v steklenico. Uporabite kot edinstven sirup za sladice ali pijače.

PIJAČE

86. Brezalkoholni borovničev špricer

SESTAVINE:
- 1 skodelica borovnic
- 1 skodelica sladkorja
- 1 skodelica vode
- Sok 1 sveže iztisnjene limone
- 1 steklenica gazirane vode

NAVODILA:
a) Najprej pripravite borovničev preprost sirup. V majhni ponvi zmešajte borovnice, sladkor in limonin sok. Premešamo in zavremo. Zmanjšajte ogenj in kuhajte, dokler se ne zgosti v sirup.
b) V vrč nalijte gazirano vodo in dodajte ½ skodelice preprostega borovničevega sirupa. Mešajte, dokler se sirup ne raztopi v vodi.
c) Za prijetno ostrino iztisnite še malo limoninega soka. Da bo pijača slajša, dodajte več borovničevega enostavnega sirupa ali sladkorja.

87. Pivo korenine sarsaparille

SESTAVINE:
- ½ skodelice korenin sarsaparille (narezanih na 1 cm velike kose)
- 2 skodelici vode
- 1 zvezdasti janež
- ¼ žličke muškatnega oreščka
- ½ žličke cimeta
- ½ žličke pimenta
- ½ žličke vanilije
- 2 žlici melase
- ½ skodelice sladkorja
- Gazirana voda

NAVODILA:
a) V srednje veliko ponev dajte korenine, začimbe (janež, muškatni orešček, cimet, piment) in 2 skodelici vode.
b) Zavremo, nato pa na srednje nizkem ognju počasi vre približno pol ure.
c) Dodajte vanilijo in melaso. Kuhajte še 3 minute in nato odstavite z ognja.
d) Mešanico precedite, da ločite korenine in začimbe od tekočine, tako da mešanico prelijete skozi fino mrežasto sito, prekrito z gazo (za dodatno filtracijo). To bo zagotovilo, da je zmes prečiščena in da ne ostanejo ostanki.
e) Precejeno tekočino dodajte nazaj v lonec (ne pozabite splakniti lonca pred ponovno uporabo) in vmešajte sladkor. Pustite vreti 2 minuti in nato odstavite z ognja.
f) Za pripravo kozarca koreninskega piva zmešajte koreninsko pivo in gazirano vodo v razmerju 1:2. Za vsako ¼ skodelice sirupa uporabite ½ skodelice gazirane vode.
g) Dobro premešajte in uživajte.

88. Limonina malina in meta osvežilec

SESTAVINE:
- 1 skodelica malin
- 1 skodelica sladkorja
- 1 skodelica vode
- Sok sveže iztisnjene limone
- Gazirana voda
- Listi mete za okras
- Rezine limone za okras

NAVODILA:
a) Pripravite malinov preprost sirup tako, da v majhni ponvi zmešate maline, sladkor in limonin sok. Premešamo in zavremo. Zmanjšajte ogenj in kuhajte, dokler se ne zgosti v sirup.
b) V vrč nalijte gazirano vodo in dodajte 1 skodelico preprostega malinovega sirupa. Mešajte, dokler se sirup ne raztopi v vodi.
c) Pijačo okrasite z lističi mete, rezinami limone in nekaj malinami. Premešajte, da se združi in uživajte!

89. Voda s krmnimi jagodami

SESTAVINE:
- Pest mešanega gojenega jagodičevja (robide, maline, borovnice)
- voda
- Ledene kocke (neobvezno)

NAVODILA:
a) Jagode temeljito operite.
b) Jagode položite v vrč in ga napolnite z vodo.
c) Ohladite za nekaj ur, da se okusi prepojijo.
d) Po želji postrezite z ledom. Osvežujoče in vlažilno!

90. Ledeni čaj z divjo meto

SESTAVINE:
- Pest svežih listov divje mete
- 4 čajne vrečke (črni ali zeleni čaj)
- 4 skodelice vode
- Med ali sladkor po okusu
- Ledene kocke

NAVODILA:
a) Zavrite 4 skodelice vode in namočite čajne vrečke skupaj s svežimi listi mete.
b) Pustite, da se čaj ohladi na sobno temperaturo.
c) Po okusu sladkamo z medom ali sladkorjem.
d) Postrezite na ledu. Čudovit, metin ledeni čaj!

91. Regratova limonada

SESTAVINE:
- 1 skodelica regratovih cvetnih listov (samo rumeni deli)
- 1 skodelica sveže iztisnjenega limoninega soka
- 1/2 skodelice medu
- 4 skodelice vode
- Ledene kocke

NAVODILA:
a) V vrču zmešajte regratove cvetne liste, limonin sok, med in vodo.
b) Mešajte, dokler se med ne raztopi.
c) Hladimo za nekaj ur.
d) Postrezite na ledu. Edinstvena in cvetlična limonada!

92.Gin in tonik s smrekovimi vršički

SESTAVINE:
- 1 skodelica svežih smrekovih vršičkov
- gin
- Tonik vode
- Ledene kocke
- Rezine limete za okras

NAVODILA:
a) Smrekove vršičke operemo in osušimo.
b) V kozarcu združite smrekove vršičke z ginom. Pustite, da vzhaja vsaj 24 ur.
c) Napolnjen gin precedite v kozarce, napolnjene z ledom.
d) Prelijemo s tonikom, premešamo in okrasimo z rezinami limete. Gozdno navdihnjen pridih klasike!

93. Pikantni zeliščni liker

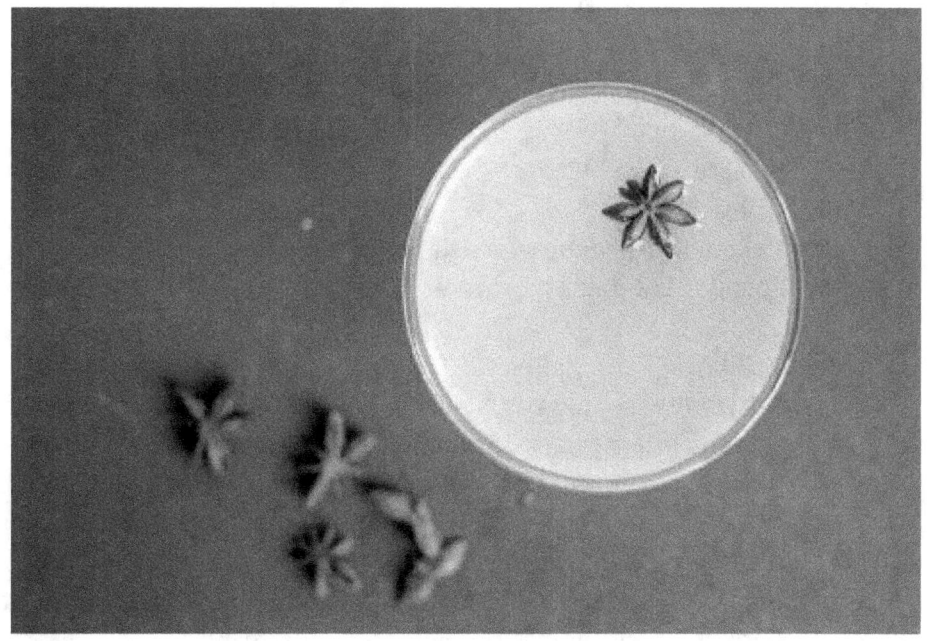

SESTAVINE:
- 6 strokov kardamoma
- 3 žličke janeževih semen
- 2¼ čajne žličke sesekljane korenine angelike
- 1 cimetova palčka
- 1 strok
- ¼ čajne žličke Mace
- 1 petina vodke
- 1 skodelica sladkornega sirupa
- Posoda: 1/2-galonski kozarec

NAVODILA:
a) Odstranite semena iz strokov kardamoma. Dodamo janeževa semena in vsa jedrca zdrobimo s hrbtno stranjo vilic.
b) Dajte jih v 1-litrsko posodo in dodajte korenino angelike, cimetovo palčko, nageljnove žbice, mace in vodko.
c) Mešanico dobro pretresite in shranite v skrinjo za 1 teden. Večkrat prelijemo skozi cedilo obloženo z gazo. Tekočino zmešajte s sladkornim sirupom. Pripravljeno za postrežbo

94. Sadni zeliščni ledeni čaj

SESTAVINE:
- 1 vrečka čaja Tazo Passion
- 1 liter vode
- 2 skodelici svežega pomarančnega soka
- Oranžno kolo
- Metini listi

NAVODILA:
a) Vrečko čaja položite v 1 liter vrele vode in pustite stati 5 minut.
b) Odstranite čajno vrečko. Nalijte čaj v 1-litrski vrč, napolnjen z ledom. Ko se led stopi, napolnite preostali prostor v vrču z vodo.
c) Shaker za koktajle napolnite s polovico kuhanega čaja in polovico pomarančnega soka.
d) Dobro pretresite in precedite v kozarec, napolnjen z ledom.
e) Okrasite s pomarančnim kolesom in listi mete.

95.Zeliščni ledeni hladilnik

SESTAVINE:
- 4 skodelice vrele vode;
- 8 čajnih vrečk Red Zinger
- 12 unč koncentrata jabolčnega soka
- Sok 1 pomaranče
- 1 limona; narezana
- 1 pomaranča; narezana

NAVODILA:
a) Čajne vrečke prelijte z vrelo vodo. Pustite, da se čaj strmi, dokler voda ni mlačna, tako da pripravite zelo močan čaj.
b) V velikem vrču zmešajte čaj, jabolčni in pomarančni sok.
c) Vrč okrasite z rezinami limone in pomaranč.
d) Nalijte v kozarce, napolnjene z ledom, in okrasite z meto.

96. Malinov zeliščni čaj

SESTAVINE:
- 2 družinski malinovi čajni vrečki
- 2 čajni vrečki robidnega čaja
- 2 čajni vrečki črnega ribeza
- 1 steklenica penečega jabolčnega moštnika
- ½ skodelice koncentrata soka
- ½ skodelice pomarančnega soka
- ½ skodelice sladkorja

NAVODILA:
a) Vse sestavine dajte v velik vrč. Ohladite se. Našega postrežemo s sadnimi ledenimi kockami.
b) Rezerviramo toliko sokov, da napolnimo pladenj za led in v vsako kocko položimo rezine jagod in borovnic.

97.Čaj s kardamomom

SESTAVINE:
- 15 semen kardamoma voda
- ½ skodelice mleka
- 2 kapljici vanilije (na 3 kapljice)
- srček

NAVODILA:
a) Za prebavne motnje zmešajte 15 zdrobljenih semen v ½ skodelice vroče vode. Dodajte 1 unčo sveže ingverjeve korenine in cimetovo palčko.
b) Kuhajte 15 minut na majhnem ognju. Dodajte ½ skodelice mleka in kuhajte še 10 minut.
c) Dodajte 2 do 3 kapljice vanilije. Sladkajte z medom.
d) Popijte 1 do 2 skodelici dnevno.

98. Sassafras čaj

SESTAVINE:
- 4 korenine sassafras
- 2 litra vode
- sladkor ali med

NAVODILA:
a) Korenine operemo in mladike odrežemo tam, kjer so zelene in kjer se korenina konča.
b) Zavremo vodo in dodamo korenine.
c) Kuhajte, dokler voda ni temno rjavkasto rdeča (temnejša je, močnejša je – meni je všeč moja močna).
d) Precedite v vrč skozi žico in kavni filter, če ne želite usedline.
e) Po okusu dodajte med ali sladkor.
f) Postrežemo toplo ali hladno z limono in vejico mete.

99. Moringa čaj

SESTAVINE:

- 800 ml vode
- 5-6 lističev mete – natrganih
- 1 čajna žlička semen kumine
- 2 čajni žlički moringe v prahu
- 1 žlica limetinega/limoninega soka
- 1 čajna žlička ekološkega medu kot sladilo

NAVODILA:

a) Zavremo 4 skodelice vode.
b) Dodajte 5-6 listov mete in 1 čajno žličko semen kumine / jeera.
c) Pustimo vreti, dokler se količina vode ne zmanjša na polovico.
d) Ko se voda zmanjša na polovico, dodajte 2 čajni žlički moringe v prahu.
e) Ogenj uravnajte na visoko, ko se speni in dvigne, ogenj ugasnite.
f) Pokrijte s pokrovom in pustite stati 4-5 minut.
g) Po 5 minutah čaj precedite v skodelico.
h) Dodajte organski med po okusu in stisnite svež limetin sok.

100. Žajbljev čaj

SESTAVINE:
- Peščica svežih listov divjega žajblja, nabranih odgovorno
- Vrele vode
- Cvetlični med (ali agavin sirup za vegane)
- 1 naribana rezina limone

NAVODILA:
a) Začnite tako, da si naberete pest svežih listov divjega žajblja. Poskrbite, da boste izbrali liste iz čistega in neonesnaženega okolja.
b) Ko imate liste divjega žajblja, jih nežno sperite s čisto vodo, pri čemer pazite, da ohranite njihovo naravno bistvo.
c) Nabrušene liste žajblja položite v skodelico in previdno prelijte z vrelo vodo. Pustite, da se divja zelišča namakajo približno 5 minut. Če želite, lahko liste žajblja tudi drobno sesekljate in jih daste v cedilo za čaj za bolj koncentriran poparek.
d) Po poparku odstranite nahranjene liste žajblja in pustite, da se njihova esenca premeša s čajem. Vmešajte kanček medu iz divjih cvetov, odgovorno pridobljenega od lokalnih čebelarjev, ali uporabite agavin sirup za vegansko možnost.
e) Izboljšajte okus s stisnjenim sokom iz krhlje limonine rezine. Ta korak je bistvenega pomena, če želite razkriti najboljše okuse poparka divjega žajblja.

ZAKLJUČEK

Ko zaključujemo naše okusno popotovanje po "Kuharski knjigi sodobnega krmljenja", upamo, da ste izkusili veselje ob žetvi in okušanju danosti narave v svoji sodobni kuhinji. Vsak recept na teh straneh je praznovanje edinstvenih okusov, tekstur in prehranskega bogastva, ki jih na vaš krožnik prinesejo predelana živila – dokaz brezhibne integracije divjih sestavin v sodobne okuse.

Ne glede na to, ali ste uživali v zemeljskih dobrotah divjih gob, sprejeli svežino nabranega zelenja ali se razveselili nepričakovanih okusov gozdnih jagod, verjamemo, da so ti recepti vzbudili vaše navdušenje nad raziskovanjem užitnih zakladov, ki jih ponuja narava. Poleg sestavin in tehnik naj koncept iskanja hrane postane vir navdiha, ki vas poveže z zemljo, letnimi časi in neukročeno lepoto na prostem.

Medtem ko boste še naprej raziskovali svet krmne hrane, naj bo " Kuharski knjigi sodobnega krmljenja" vaš zaupanja vreden spremljevalec, ki vas bo vodil skozi različne okusne možnosti, ki bodo prinesle divjino na vašo mizo. Tukaj je, da sprejmete brezčasno umetnost iskanja hrane in uživate v bogastvu shrambe narave v vsakem sodobnem grižljaju – srečno iskanje hrane!

www.ingramcontent.com/pod-product-compliance
Lightning Source LLC
Chambersburg PA
CBHW071903110526
44591CB00011B/1531